写给每个人的哲学书

Kleine Schule des philosophischen Denkens

雅斯贝尔斯的
14堂哲学思维课

[德]卡尔·雅斯贝尔斯(Karl Jaspers) 著
于思岩 译

中国青年出版社

图书在版编目（CIP）数据

写给每个人的哲学书：雅斯贝尔斯的14堂哲学思维课 /（德）卡尔·雅斯贝尔斯著；于思岩译.
—北京：中国青年出版社，2024.3
书名原文：Kleine Schule des philosophischen Denkens
ISBN 978-7-5153-7227-3

Ⅰ.①写… Ⅱ.①卡… ②于… Ⅲ.①哲学－青年读物 Ⅳ.①B-49

中国国家版本馆CIP数据核字（2024）第010903号

写给每个人的哲学书：
雅斯贝尔斯的14堂哲学思维课

作　　者：［德］卡尔·雅斯贝尔斯
译　　者：于思岩
策划编辑：丁　兴
责任编辑：于明丽
美术编辑：张　艳
出　　版：中国青年出版社
发　　行：北京中青文文化传媒有限公司
电　　话：010-65511272 / 65516873
公司网址：www.cyb.com.cn
购书网址：zqwts.tmall.com
印　　刷：大厂回族自治县益利印刷有限公司
版　　次：2024年3月第1版
印　　次：2024年3月第1次印刷
开　　本：880mm × 1230mm　　1 / 32
字　　数：134千字
印　　张：6
书　　号：ISBN 978-7-5153-7227-3
定　　价：49.90元

译者序

“尝试跳出自己的影子”

这本书既不是一本“大部头”，也不是一碗“心灵鸡汤”，而是写给每个人的“哲学思维课”。“大部头”意在对宏伟哲学体系的全面展开，虽然适合学术著作，但其体量往往让读者望而却步；“心灵鸡汤”试图用温暖灵动的话语拨开心中的阴霾，却无法触及深层次思考。本书所谓的“哲学思维课”，不是一种逻辑思维的练习，引用雅思贝尔斯在德文原著中的话来说：“‘哲学思维课’就是‘尝试跳出自己的影子’。”“自己的影子”指的是固化了的思维。“跳出自己的影子”意味着沉思自己在思索之路上的种种偏见、盲从和半途而废。其中“尝试”二字，暗示这是一种容易失败，并且永远在路上的状态。

本书以短句和口语化为主要特色，因其来源于雅思贝尔斯应德国的电台和电视台邀请所做的两次讲座。[①]雅思贝尔斯在讲座中避免使用复杂的哲学概念和探讨过于深奥的主题，而是以平实自然的语言将自己多年的哲学思考娓娓道来。因此，读者在阅读本书的过程中，不会感受到作者是以掌握真理的哲人的姿态向读者输出哲学知识，更不会感受到作者是以阅历丰富的过来人的姿态向读者灌输“心灵鸡汤”。相反，雅思贝尔斯在本书中更像是一个与读者在思想之路上偶遇的同行者，他仅以同行者的身份同读者聊聊自己哲学的思考历程,而不会向读者许诺可以获得任何最终的答案。

那么，他的“哲学思维课”是如何展开的呢？

一方面，找到一个支点。哲学家常常被误解为避世超脱之人，他们试图寻找一个独立于当下此在的“阿基米德点”，并期待获得一种超越性，由此便以真理拥有者的姿态臧否尘世的

① 本书内容选自以这两次讲座整理而成的《哲学入门》（*Einf ü hrung in die Philosophie*）和《哲学思维小课堂》（*Kleine Schule des philosophischen Denkens*）。——编者注

一切。但在雅思贝尔斯看来，只有当我们同时与世界交织在一起时，我们才具有真正的超越性。不“出世”的思考无法做到独立，不“入世”的独立只能使思考空洞。“尝试跳出自己的影子”并不意味着与影子的彻底告别。

另一方面，独处与对话。作者在书中会涉及一些哲学史知识，但本书的旨趣在于学习哲学思维，而非罗列哲学史知识。独处与对话是作者给出的两种学习哲学的方式。在与世界的交织中保持独立，意味着哲学思维的训练既要求独处，也要求对话。在独处中，深入自己的历史，与自己对话，从而看见自己的过去、现在和未来的“影子”；“尝试跳出自己的影子”在此意味着能看见“自己的影子”。在对话中，真正重要的是倾听别人和对一切可能性保持开放态度；“尝试跳出自己的影子”在此意味着尽可能与别人“交换影子”。

本书中的有些语句与思考，因时代与文化的差异，可能无法引起读者的共鸣和理解。但本书所要呈现的是哲学精神的表达。所以，雅思贝尔斯的“哲学思维课”所提供的，绝不是用绝对的光亮彻底消灭“影子”，而只是用一盏光亮微弱的灯，让“影子”不在绝对的黑暗中隐没。

在此，我要感谢出版社的信任和支持，让我完成了人生第一本译著，同时感谢我的学生周孙梨协助校对了部分译稿。由于译者能力有限，译文不免有错漏之处，恳请读者朋友批评指正，也希望有更多的人通过这本小书关注哲学。

于思岩

2024年1月8日于贵阳

目 录

上篇

哲学家眼中的哲学是什么样子的

第1讲

哲学是什么

关于哲学是什么以及哲学有什么价值，至今尚无定论。有人期望从哲学中获得非凡的启发，也有人视其为空洞的玄想；有人将其视为非凡之人的卓越努力，也有人将其贬斥为梦想家多余的沉思；有人觉得哲学关乎每个人，那么它必须归根结底是简单易懂的，也有人觉得哲学是无比晦涩难懂的。那些以哲学的名义出现的东西，为所有这些相互矛盾的判断提供了例证。

对于一个信奉科学的人来说，最糟糕的是，哲学根本没有一个放之四海而皆准的结论，也没有一个可以被认识从而拥有的东西。科学必定可以在其领域内获得确定的、普遍接受的认识，而哲学尽管经过了数千年的努力，却没有做到这一点。不可否认的是：在哲学中，人们对最终认知的东西并没有达成一致的认识。任何由于令人信服的理由而被所有人认可的东西，就已经成为科学认识，涉及一个可认识之物的特殊领域，而不再是哲学。

哲学思维也不像科学那样具有进步发展的特征。毫无疑问，今天的我们比古希腊医生希波克拉底进步得多，但我们几乎没有资格说我们已经超越了柏拉图。我们仅仅在他所掌握的科学认识的材料方面，有所进步。但就哲学本身而言，我们或许还没有达到他的水平。

任何一种形式的哲学都有别于科学，因为所有哲学都无法得到一致的认可，而这缘于哲学的本质。哲学所追求的确定性不是客观的、科学上的确定性，而这种科学上的确定性对每个人来说都是一样的。哲学上的确定性是一种内在的确定性，一个人的整个存在都参与其中。科学研究的是特定的对象，对这些对象的认识并不是与每个人都息息相关的，而哲学研究的是人之为人的整体存在，研究的是一种真理，这种真理无论在哪里显现出来，都比任何科学认识更深刻地触动我们。

完善的哲学的确与科学关系密切。它以科学在各个时代所取得的进步为前提。但从本质上讲，哲学另有渊源。哲学出现于人类觉醒之际，先于任何科学出现。

我们可以从一些引人注目的现象中直观地看到这种不带科学

的哲学：

第一，在哲学问题上，几乎每个人都认为自己能够做出判断。人们认识到，在科学领域，学习、训练和方法是理解的前提条件，而在哲学领域，人们普遍认为不经过初步研究就能形成自己的哲学观点。我们将自身的存在、自身的命运和自身的经验视为这些哲学观点的充分依据。

我们必须认识到，哲学必须为每个人所接受。哲学思考者所走过的最迂回曲折的哲学之路，只有在通向人的存在时才有意义，而人的存在是由人确定存在和自身的方式所决定的。

第二，哲学思维必须永远是原初的。每个人必须亲身完成哲学思考。

孩子们提出的种种疑问是人天生具有哲学思维的一个奇妙的标志。从孩子们口中，我们经常可以听到一些直抵深层哲学的问题。例如：

一个小男孩惊奇地说："我总是试图把自己当成另一个人，而我永远都是我自己。"他触及了所有确定性的一个来源，即通过意识到自我而意识到存在。他对自我存在这个无法以其他方式来理解的神秘之物感到惊奇。他带着疑问面对着思考的界限。

一个小男孩听着创世的故事:“起初，神创造了天地……”，他立刻问道:“起初之前是什么?”这个孩子体验到了疑问没有尽头，思考无法止步，他不可能得到最终的答案。

一个小女孩在森林草地上和爸爸散步时，她的爸爸给她讲故事，说晚上精灵们会在空地上跳舞……她说:“可世界上并不存在精灵……”她的爸爸就给她讲现实中的东西，描述太阳的运行，并解释地球的形状以及地球自转的原因……小女孩说:“哦，这根本不是真的。”她说:“地球是静止的。我只相信我所看到的。”“那么,”她的爸爸说,“你不相信神的存在，因为你也看不见神。”小女孩愣了一下，然后非常坚定地说:“如果神不存在，那么我们也不存在。”她感受到了存在的奇妙:事物不是通过自身而存在的。她明白了，与世界上特定对象有关的问题和与我们的整体存在有关的问题之间的区别。

任何愿意搜集这些故事的人都可以整理出丰富的儿童哲学。有人反对说，孩子们以前从父母或其他人那里听说过这些，但这显然完全不适用于严肃的思考。有人反对说，这些孩子没有做进一步的哲学思考，因此这些话语一定是偶然讲出的。他们忽略了一个事实，即孩子们往往拥有一种天赋，但随着他们长大，这种天赋就会逐渐消失。随着年龄的增长，我们仿佛进入了一个由惯例和观点，以及掩饰和毫无置疑的接受所构成的牢笼，失去了儿童的率真。在生命的萌发阶段，孩子仍然是率真的，他们感受着、观察着、探究着那些很快就会从他们视野中消失的事物。他们会忘记自己一瞬间所悟到的东西，当大人们后来告诉他们自己曾说过和问过什么时，他们会感到惊讶。

第三，原初的哲学思维不仅存在于孩子身上，也存在于精神病患者身上。有时，在极少数情况下，仿佛那些被掩盖的束缚得到了松解，直击人心的真理就会显现出来。在某些精神疾病发作时，会出现一些形而上学的启示，这些启示在形式和语言上并不具有客观意义，诗人荷尔德林或画家梵高属于例外。但是，任何目睹这些启示的人，都不禁感到：在这里，我们平常生活于其下的迷雾般的表层发生了破裂。许多神智清醒的人也都熟悉这样的经历：当我们从睡梦中醒来时，那些深刻的意义就会不期而至，而当我们完全清醒时，这些意义又会消失，只会让我们觉得自己再也无法触及这些意义。“孩子和愚人会讲真话”这句话蕴含着深刻的道理。但是，伟大的哲学思想所赖以产生的原初性创造力毕竟不在此处，而在那些保持率真和独立的伟大人物身上——几千年来，这样的人物屈指可数。

第四，由于哲学是人所无法回避的，它总是存在于公众中，存在于流传下来的谚语中，存在于常见的哲学惯用语中，存在于占主导地位的信念中，存在于政治信仰中。唯一的问题是，哲学是否为人所意识到，是好的还是坏的，是混乱的还是清晰的？那些拒斥哲学的人本身就在诉诸哲学，而没有意识到这一点。

那么，以如此普遍而又奇特的形式表现出来的哲学究竟是什么？

在希腊语中，哲学家（philosophos）与智者（sophos）有区别。哲学家的意思是热爱智慧（知识）的人，不同于那些认为拥有知识就拥有智慧的人。这个词的这一含义延续至今：哲学的本质是对真理的探求，而不是对真理的占有。哲学意味着：在路上。哲学的问题比答案更根本，每一个答案都会带来一个新的问题。

但是，这种“在路上”——人在时间中的命运——包含着深层次满足的可能性，事实上，在完满的时刻，还包含着一种完善的可能性。这种完善从来不存在于可明确表述的知识、定理和信条中，而存在于对人的本质的历史性完善中，在这种完善中存在本身得到了揭示。在人所处的境遇中理解这种实在性，就是哲学的意义。

在路上探寻，或者找到宁静和完满的时刻——这些都不是对哲学的定义。没有什么高于哲学或与哲学并列。哲学不能从其他东西中衍生出来。每一种哲学都通过其实现来定义自身。我们只有通过亲身尝试，才能确定哲学的本质。那么，哲学就是一个人对活的理念的实现和对这种理念的思考，或者说将实践和对实践的探讨合二为一。只有通过亲身尝试，我们才能理解我们在这个世界上遇到的哲学是什么。

但是，我们可以用其他方式来定义哲学的本质。没有任何公式化的表述可以穷尽哲学的意义，并且对哲学意义的表述也不是唯一的。在古代，哲学（根据其对象）被定义为对事物的认知，对作为存在之为存在的认识；或者，哲学（根据其目的）被定义为学习如何死亡，学习如何通过思考来追求幸福；哲学（根据其涵盖的意义）最终被定义为所有知识的知识，所有艺术的艺术，不局限于特定领域的科学。

今天，人们或许可以这样来谈论哲学，其含义是：

从本原上认识现实；

从我对自己的思考态度中，从我的内在行为中理解现实；

使人面对统摄的广阔；

在爱的较量中，尝试在人与人之间交流真理的各个方面；

在面对失败和陌生的事物时，始终耐心地保持理性的清醒。

哲学就是人通过专注，以分享现实的方式成为自己。

尽管哲学能以简单而有效的思想形式打动每一个人，甚至是孩子，但其有意识的阐释却是一项永远无法完成的任务，并且在任何时候都在重复，始终作为一个当下的整体进行着——这在哲学大家的著作中得到体现，也在较为普通的哲学家中得到回应。只要人还是人，对这项任务的意识都是清醒的。

哲学并非到了今天才遭到强烈的抨击和彻底的否定，认为它是多余的或有害的。哲学有什么用？它帮不了身处苦难中的我们。

日常生活中存在简单的功利性标准。以这种标准来衡量，哲学是无用的。泰勒斯被认为是古希腊最早的哲学家，某天他在仰观星空时，掉进井里，于是受到女仆的嘲笑。如果他在应付地上近处的事情上如此笨拙，他为什么要探究天上那些遥远的东西呢?

因此，哲学虽然理应为自己辩护，但这是做不到的。哲学无法通过证明自己对其他东西有用来为自己辩护。哲学只能诉诸促使每个人进行哲学思考的力量。这是一种无目的的追求，与尘世的一切得失无关，是一种使人成为人的活动，只要人活着，它就会促使人完成这种活动。哲学始终与我们同在。

哲学不能斗争，不能自证，但可以传播。当遭到厌弃时，哲学不会做出反抗，当得到倾听时，它不会宣示胜利。哲学栖身于人类心底的一致性中，将所有人联系在一起。

在西方、中国和印度，宏大而成体系的哲学已经存在了2500年。尽管哲学思想多种多样，尽管存在各种相互矛盾和相互排斥的对真理的主张，但在所有的哲学中，有一种哲学是不为任何人所占用的，而所有严肃的努力始终围绕着它来展开：永恒而唯一的哲学。如果我们想清晰且有意义地思考，我们就必须探寻我们思考的这种历史基础。

第2讲

哲学的本原

哲学作为有序思考的历史开端于2500年前。

但“开端”与“本原”有很大区别。开端是历史性的，为后来者带来了越来越多的先决条件。对哲学思考的热情总是从本原开始。只有本原才能赋予现在的哲学以意义，只有通过本原才能理解过去的哲学。

本原是多种多样的。从惊奇中产生了疑问和知识；从对已知事物的怀疑中产生了批判性的审视和清晰的确定性；从人类的震惊和对自身迷失的意识中产生了对自身的探究。让我们看一看这三种驱动力：

第一，柏拉图说，哲学的本原是惊奇。我们的眼睛“让我们看到了星星、太阳和苍穹"。这种视觉给了我们“探究万物的动力”，由此产生了哲学。亚里士多德说：“正是惊奇驱使人们去探究哲学：他们先是惊奇于那些令他们感到奇异的事物，然后逐渐去追问月亮、太阳、天体的变化以及万物的起源。”

惊奇驱使人们寻求知识。在惊奇中，我开始意识到自己的无知。我寻求知识，只是为了知识本身，而不是“为了某种寻常的需求”。

在哲学思考中，人从现实需求的束缚中觉醒，不带目的地思考事物、天穹和尘世，并发问，这一切是什么，从何而来?从他的问题的答案中，他所期待的并非获得什么利益，而是内在的满足。

第二，如果在对存在之物的认识中我的惊奇和钦佩得到了满足，那么很快就会产生怀疑。知识在不断积累，但在批判性的审视中，没有什么是确定的。知觉受到我们的感觉器官的制约，因而具有欺骗性；在任何情况下，它们都不会与独立于我的知觉而存在于我之外的事物相一致。我们的思维形式是我们人类的理智形式。它们陷入无法解决的矛盾之中。到处都是相互对立的主张。在哲学思考过程中，我抓住怀疑，并试图从根本上将其应用于一切事物，要么以持怀疑态度的否定为乐，这种否定只承认自己什么也不承认，也就无法向前迈出一步，要么提出这样的问题：那么，无可怀疑并经得起任何中肯批判的确定性在哪里呢？

尽管笛卡尔对一切都持怀疑态度，但他的著名命题“我思故我在”对他来说是确凿无疑的。因为，如果我的思维受到蒙蔽，即使我的认识中存在着完全的错觉，我依然可以意识到，我必定存在事实。

有序怀疑是对一切认识进行批判性审视的源泉。因此，没有彻底的怀疑，就没有真正的哲学。但关键是：如何以及在何处通过怀疑本身获得确定性的基础。

第三，热衷于认识世界上的事物，将怀疑作为通往确定性的道路，我与事物同在，我不考虑我自己，不考虑我的目的、我的幸福、我的救赎。相反，我在实现这些认识的过程中自我满足。

只有当我意识到自己的处境时，情况才会变得不同。

斯多葛派哲学家爱比克泰德说过：“当我们意识到自己的软弱和无助时，哲学就产生了。”如何在自己没有能力的时候进行自救？他给出的答案是：把一切不在我能力范围之内的事，看作其必要性对我来说无关紧要，而那些我能决定的东西，即我的思想的形式和内容，我通过思考使之变得清晰和自由。

让我们来确定一下我们人类的处境。我们总是处于种种境况之中。境况在变化，机遇也在出现。机遇一旦错过就再也不会回来。我们可以通过自己的努力来改变境况。但是，有些境况在本质上是一样的，即使它们一时的表象有所不同，即使它们压倒一切的力量被蒙上了一层朦胧的面纱：我必须死，我必须受苦，我必须战斗，我必须受制于机会，我不可避免地陷入愧疚之中。我们把这些生活中的基本境况称为临界境况。也就是说，这是一些我们无法超越、无法改变的境况。对这些临界境况的认识，是继惊奇和怀疑之后，哲学更深层次的本原。在我们的日常生活中，我们常常逃避它们，闭上眼睛，就当它们不存在一样。我们忘记了我们一定会死，忘记了我们的负罪感，忘记了我们受命运的摆布。我们只面对并掌握具体的境况以使自己受益，我们在实际利益的驱使下，通过计划和行动对具体境况做出反应。但对于临界境况，我们的反应要么是困惑，要么是——如果我们确实掌握临界境况——绝望和重生:我们通过存在意识的改变而成为我们自己。

或者，我们可以这样定义我们人类的处境:世界的存在是不可靠的。

我们不加怀疑地把世界当作存在。在幸福的境况中，我们为自己的力量而欢呼，我们轻率地自信，我们只知道自己的现状。在痛苦、无力和无能的境况中，我们感到绝望。但是，如果我们活着走出这种境况，我们就会让自己重新回到对自我的遗忘和幸福的生活之中。

但这些经历会使人变得更加智慧。威胁驱使着人对自我更加确定。人希望自己对自然的掌控和与他人构成的共同体可以为自己的此在提供保障。

人掌控自然是为了让它为自己服务。人通过知识和技术使其变得可靠。

即使掌控了自然，不可预测性依然存在，随之而来的是持续的威胁，然后是整体的失败：艰辛的劳作、衰老、疾病和死亡都无法消除。所有受控的自然的可靠性都只是在完全不可靠的框架内才具有特殊性。

人类团结在一起，是为了限制并最终消除所有人之间无休止的争斗。人类希望在互助中获得安全。

但在这里，依然存在一个限制。只有当国家处于这样一种状态，即每个公民都与他人以一种绝对团结的关系站在一起，整个正义和自由才能得到保障。因为只有这样，当一个人受到不公正对待时，其他人才会团结一致，共同对抗。但这种情况从来就没有出现过。真正能在极端情况下和弱势的情况下相互支持的，从来都只是有限的群体以及少数个人。没有任何国家、教会、社会能够提供绝对保护。这种保护是安宁时代的美丽幻象，那时的临界境况仍然朦胧不显。

但是，与世界整体的不可靠性相对立的是这个世界上有一些值得相信的东西：家和故乡、父母和祖先、兄弟姐妹和朋友、丈夫和妻子。在自己的语言中，在自己的信仰中，在思想家、诗人和艺术家的作品中，都有传承的历史基础。然而，即使是传承也不能带给我们安全感和绝对的可靠性。因为它向我们展示的都是人的杰作。传承始终是一个疑问。鉴于此，人必须始终从自身的起源中寻找对他而言的确定性和可靠性。但是，世上的一切存在的不可靠性对我们来说是一个警告，禁止我们满足于这个世界，它指向了别的东西。

死亡、机遇、愧疚和世界的不可靠性，这些临界境况让我看到了失败。面对这种绝对的失败，我该怎么做呢？如果我诚实的话，我肯定会意识到这一点。

斯多葛派建议，退回到我们思维的独立性所固有的自由中去。斯多葛派的错误在于没有从根本上看到人的无力。斯多葛派错误地估计了思维的依赖性。思维本身是空洞的，依赖于灌输给它的东西，并有可能失去理智。斯多葛派让我们无望地停留在单纯的思想独立性中，因为这种思维缺乏任何内容。斯多葛派让我们看不到希望，因为没有给我们提供内在转变的机会，没有给我们提供通过爱来获得满足的机会，没有给我们提供对可能性的期待。

但斯多葛派所努力追求的是真正的哲学。他们的思想源于临界境况，表达了在人类失败中寻找真实存在的启示的基本动力。

对一个人来说，重要的是他对待失败的态度:是将失败隐藏起来，直到最后被其击垮，还是毫不掩饰地将其视为自己存在的永恒极限；是抓住奇妙的解决办法和安慰，还是在无法想象的事情面前诚实地默默接受。一个人如何面对失败决定了他会成为怎样的人。

在临界境况下，人要么感知虚无，要么感知真实的存在，尽管这一切都是短暂的世俗存在。即使绝望，由于它在这个世界上是可能的，也指向世界之外。

换句话说，人类寻求的是救赎。虽然哲学无法提供宗教式的救赎，但所有哲学都是对世界的超越，而这类似于救赎。

让我们总结一下：哲学的本原要从惊奇中、从怀疑中，从对迷失的意识中寻找。在每一种情况下，它都始于人内心的震动，并始终从震惊中寻找目标。

柏拉图和亚里士多德从惊奇中寻找存在的本质。

笛卡尔在无尽的不确定性中寻找令人信服的确定性。

斯多葛派在生存的痛苦中寻求心灵的安宁。

这些哲学中的每一种都有其自身的真理，并且总是被历史的概念和语言所包裹。在使这些哲学成为我们自己的哲学的过程中，我们穿透了历史的外壳，找到了存在于我们内心的本原。

这种内在驱动直指可靠的基础，直指存在的深层，直指永恒。

但对我们来说，这些可能都不是最根本、最绝对的本原。发现存在可以向惊奇显现，让我们得以喘息，却又诱使我们脱离俗世，陷入纯粹、迷人的形而上学。令人信服的确定性仅限于我们在世界上定位自己的科学知识。斯多葛主义的泰然仅仅为身处困境中的我们提供了一种权宜之计，使我们免于彻底沉沦，而这种态度本身仍然没有内容和生命。

这三个有效动机——惊奇与认识、怀疑与确定、迷失与成为自己——并没有穷尽当下哲学中引导我们的东西。

在这个历史上最彻底的断裂时代，在这个前所未有的衰败时代，在这个前景晦暗不明的时代，迄今为止所设想的三个动机是有效的，但还不够。它们被置于一个条件之下，即人与人之间的交流。

在过去的历史中，人与人之间存在着一种自然而然的关系，结成了稳定的共同体、制度和普遍观念。即使是孤立的个体，也在孤立中得到某种程度支持。当下的分崩离析最明显的迹象在于，越来越多的人彼此不理解，聚聚散散，对彼此漠不关心，无可置疑和可靠的忠诚及共同体都不复存在。

现在，事实上一直存在的一般情况对我们来说变得至关重要：我也许会在真理问题上与他人达成一致；我的信仰在我确信无疑的时候，会遭遇其他信仰；在边界的某个地方，似乎永远只有斗争，而没有整合的希望，最终不可避免地以屈服或毁灭告终；软弱和不抵抗使无信仰者要么盲目地加入，要么顽固地蔑视。所有这些都不是偶然的，也不是无足轻重的。

也许，我在孤独中能得到一种令我满足的真理。如果我在绝对的孤独中确定了自己的真理，那么缺乏交流的痛苦和真正交流中的独特满足感就不会对我们产生如此深刻的影响。但是，我只是与他人在一起，单独的我什么也不是。

不仅是心灵与心灵、精神与精神之间的交流，而且是存在与存在之间的交流，只有作为媒介才具有非人格的内容和有效性。因此，辩解和攻击都是手段，不是为了获得力量，而是为了接近。这种较量是一种充满爱的较量，在这种较量中，每个人都向对方交出了自己的武器。真正存在的确定性只存在于在一个自由共同体中共同生活和相互较量的人们之间毫无保留的交流中，他们把彼此的联系看作是一个初步阶段，他们不把任何事情视为理所当然，对一切都提出质疑。只有在交流中，其他一切真理才得以实现，只有在交流中，我自己才不仅仅是活着，而是充实生命。

我所说的这种基本的哲学态度，植根于对缺乏交流的痛苦之中，植根于对真正交流的渴望之中，植根于将自我与自我深刻地结合起来的充满爱的较量的可能性中。

这种哲学思考同时植根于我们所提到的那三种哲学经验。所有这三种哲学经验又被置于这样一种前提条件之下，即它们对于人与人之间的交流意味着什么，对这种交流是有利的还是有害的。

因此，哲学的本原在于惊奇，在于怀疑，在于对临界境况的体验，但最终的本原是包含了其他一切在内的真正交流的意志。这一点从一开始就显而易见，因为所有哲学都渴望交流，渴望表达自己，渴望获得倾听。哲学本质就是可交流性本身，而这与真理是密不可分的。

只有在交流中，哲学的目的才得以实现，而所有目的的意义最终得以建立——对存在的觉知、爱的照亮和平静的获得。

第3讲

哲学与世界

哲学与世界的关系

无论哲学是什么，它都存在于世界之中，并且必然与世界相关联。

为了走进无限之物，哲学冲破了世界的外壳。但为了在有限之物中找到自己独特的历史基础，它又折返回去。

为了在永恒中体验当下，它推进到了超越世间存在的最遥远的范围。但是，即使是最深邃的沉思，其意义也在于回归人类此时此地的存在。

哲学瞥见了最高的标准，瞥见了可能性的星空，在看似不可能的光亮中，在人的此在的表象中寻找通往人的尊严的道路。

哲学是面向个人的。它建立了一个由在追求真理的意志中相互依赖的人组成的自由共同体。哲学思考者想要进入这个共同体。这个共同体始终存在于世界之中，但无法在不失去其真理的自由性的条件下，成为一个世俗的组织。哲学思考者无法知道自己是否属于这个组织。没有权威能决定他受接纳与否。他希望以这样一种方式活在他的思考之中，使这种接纳成为可能。

世界是如何与哲学相关的

但是，世界是如何与哲学联系在一起的呢？大学里有哲学教席。如今，它们在那里处境尴尬。哲学由于传统而受到礼貌的尊重，但在暗地里却受到轻视。人们普遍认为，哲学讲不出什么真正有分量的东西。它也没有任何实用价值。因此，虽然人们在公开场合会提到哲学，但它真的存在吗？它的存在甚至是通过对它的拒斥得到证明的。

这一点可以从以下评价中感受到：哲学太复杂了。我听不懂。对我来说太深奥了。那是专业人士的事。我没有这方面的天赋。因此，它与我无关——但这就好像有人想说：一个人不必关心人生的根本问题；一个人可以孜孜不倦地投身于某一特定领域的工作或学术，而不去思考或质疑它的意义，除此之外，他还可以有自己的“观点”，并对此感到满足。

这种拒斥正在变得愈发激烈。一种愚昧的生命本能憎恨哲学。哲学是危险的。如果我懂了哲学，我就要改变我的生活。我就会发现自己处于另一种心态中，以全然陌生的眼光看待一切事物，不得不重新做出判断。最好还是不要做哲学思考了！

然后是指控者，他们想用完全不同的全新的哲学取代过时的哲学。

许多政客发现，如果哲学完全不存在，他们更容易进行他们卑劣的交易。如果大众和官员没有思想，只有僵化的智力，他们就更容易被操纵。必须防止人们变得严肃认真起来。因此，哲学最好是枯燥乏味的。让哲学系的教席缩减下去吧！哲学讲课中的废话越多，人们就越早对哲学之光视而不见。

因此，哲学周围充满了敌人，其中大多数是那些并不真正了解哲学的人。资产阶级的自满、墨守成规的生活方式、对经济福祉的满足感、仅从技术实用性的角度来评价科学的价值、无条件的权力意志、意识形态的狂热、天才作家的文学自信——在所有这些事情上，人们都在以他们的反哲学而骄傲。他们没有意识到，他们的反哲学本身就是一种哲学，只不过是一种颠倒的哲学，而这种反哲学一旦得到阐明，就会自我湮灭。

哲学渴望真理

关键在于：哲学渴望完整的真理，但世界并不渴望。哲学扰乱了平静。

但真理是什么，这本身就是一个问题。哲学以统摄的方式在多重意义上寻求真理。它寻求但不占有一种真理的意义和本质。因为对我们来说，真理不是一个静止的存在，而是一个不可完结的、无限的运动。

世界上的真理永远处于冲突之中。哲学将这种冲突引向极端，但解除了其中的暴力。在与万物打交道的过程中，真理通过思想者之间的交流和自身的透明化向哲学思考者显现出来。

凡哲学思考者都关心人，倾听他们说什么，观察他们的所作所为，愿意与他的同胞们一起承担人类共同的命运。

因此，哲学不会成为一种教条。它不断地与自己发生冲突。

真实是人的冒险

人的尊严在于认识真理。只有通过真理，我们才能获得自由，只有自由才能让我们无条件地接受真理。

真理是人类存在于世界上的终极意义吗？真实是终极重要的吗？我们之所以会这样认为，是因为毫无保留的、不为观点所迷惑的真实与爱是一致的。

我们的力量在于把握真理给出的指引。但真理只能是完整的真理。多重真理必须结合在一起。我们从未拥有过这种完整的真理。当我在自我主张中筋疲力尽时，当我把我所知道的视为绝对之时，我们就错过了完整的真理。

哲学思考者希望为真理而活。无论他走到哪里，无论他经历什么，无论他遇到什么人，他都会发出疑问，特别是他自己的所思、所感和所做的一切。他希望将事情、人和他自己都弄清楚。他不会回避它们。他将自己暴露在它们面前。他宁愿在真理面前失败，也不愿在虚幻中快乐。

他应该展示是其所是。

自信是可能的，但不是确定的。在最终的真理中，即使它击倒了我们，但只要它是真正的真理，帮助我们的东西就会显露出来。那么，哲学的奇妙之处就在于：如果我们只是避开一切欺骗，冲破一切遮蔽，刺穿一切不真实，如果我们带着清澈的目光固执地前进，让我们的批评受到进一步的批评，那么最终，这种批评就不会具有破坏性。就像伦勃朗画作的修复者一样，他将画作从使其看不清的覆盖色中解放出来。

但如果它呈现不出来呢？如果最终人们因看到了蛇发女妖的头而石化了呢？我们不能忘记，这种情况是有可能发生的。哲学凝视着深渊，既不能将其遮蔽，也无法使其消失。

人类从一开始就面临的问题比以往任何时候都更加清晰。对此在的肯定是伟大而美丽的风险，因为它是实现真理、爱和理性之所。

哲学精英与大众

哲学是为作为人的人而存在的，还是为精英而存在？根据柏拉图的观点，只有少数人才有能力掌握哲学，并且只有经过长期的训练才能掌握。普罗提诺说过，世上存在两种生活，一种是智者的生活，一种是芸芸众生的生活。斯宾诺莎也只对极少数人的哲学抱有期望。只有康德认为，由他开辟的小道可以变成宽阔的大道——哲学是为所有人服务的；如果不是这样，那就糟了。哲学家们就像档案的建立者和保管者，档案中的一切都必须经过仔细的核实。

与柏拉图和普罗提诺以及几乎整个传统相反，我们追随康德。这本身就是一个哲学决定，对哲学思考者的内心状态具有重大影响。这个决定给了现实一记响亮的耳光。这表示：迄今为止就是这样，今天就是这样。但绝不能再这样下去，绝不该再这样下去。人作为人的诉求，往往被隐瞒、压抑，被置之不理和视而不见，但终究渴望得到别人倾听。决定权掌握在每个个体手中。

我们是在将我们这个时代必然缺乏天才的哲学的状况视为一种美德吗？不，感受到我们自身的平庸，人作为人的平庸，却能够理解过去的伟大人物，并为自己所用，敬畏地看待他们，而不将他们神化，这种经验给了我们勇气：对我们来说可能的事，对几乎所有人来说也是可能的，只要他们愿意。

独立的哲学思考的另一个敌人，因而也是人类自由的另一个敌人是被误认为民主的思想。诚然，从长远来看，与大众不一致的东西必然消失。没有引起反响的东西从一开始就不具有现实性。但如果说：我们知道现实是什么，那就错了。现在不产生影响的东西将永远不会产生影响。人类是不会变的。相反，仍然孤立存在的东西会传播下去。还没有引起反响的东西，会引起反响。但最重要的是：在最小的圈子里真实存在的东西可以成为一个时代的最高现实，并在结果中证明自己是最高现实。尚未走进大众的东西，将来可以深入到大众中去

为了真理的自由，在喧嚣的宣传中走向大众是不可避免的。

在这种不确定性中，只剩下一件事：相信人类自由的可能性，并将其与超越性联系起来，没有超越性，这种信念就不可能真正确立。

哲学思考者的独立性

哲学开始意识到自己在世界上的无力——它几乎没有引起什么反应，它不是塑造世界的力量也不是历史的构成要素！直到现在似乎依然如此。

但是，哲学对个人而言绝不是无力的。相反，它是人类通往自由之路唯一的强大力量。只有它才能使内心的独立成为可能。

在我的自由、我的爱、我的理性中，唯一完美的依托就是这种独立性。我无法创造它们，只能从它们中创造。

如果我到达了把自己献给自己的地方，我就与万物和我自己拉开了距离。就像从我永远无法真正立足的外部立场出发，审视着正在发生的事情和我自己正在做的事情。仿佛只有在那里，我才会沉入历史的真实之中。从那里发出的光芒，使我内心的自由得以增长。只要我从这个角度看问题，我就是独立的。

这种独立是平静的，没有暴力，没有反抗。在这种独立中，自由不是空洞的。将自己局限于自身并不是独立。相反，独立性渴望存在于世界之中。它敢于在命运的指引下，涉足对自己来说危险的环境，并希望能够驾驭这些环境。

但它总是屈从于它不能违背的标准，因为这些标准来自它的起源之处。违背就是自我毁灭。

哲学思考者的无力感

哲学思考者一旦为自己的独立性感到骄傲，这种独立性就成了虚妄。因为在真正的哲学思考中，一个人的独立意识总是伴随着对自己的无力的意识，对自己能力的热情总是伴随着对未知的放弃，希望总是伴随着对终结的一瞥。哲学思考使我们充分意识到这些依赖性，但不是以这种方式继续被我们的无力所击垮，而是从我们独立性的有利位置找到恢复的道路。有两个例子可以说明这种情况是如何在思考中发生的：

第一个例子：量的东西对质的东西有绝对的优势。和宇宙相比，地球连同生活在它上面的所有生物还不如一粒微尘，宇宙优先于地球。在物质、生命、灵魂、精神的层次结构中，前一个层次优先于后一个层次。最后，大众优先。对于大众而言，个人根本不在考虑之列。重要的是宇宙、物质、大众和量上占据优势的东西。

但我们要把价值判断颠倒过来：宇宙中最宝贵的是人类，在现实次序中最宝贵的是精神，在大众中最宝贵的是作为个体的人，在自然的形态中最宝贵是人类创造的艺术作品。如果我们不这样判断，我们就会屈服于数量的影响，我们就会放弃作为人的意义。

第二个例子：没有人能够了解历史的整体，甚至不需要把历史视作整体，我们也无法承受。个体会感到无力。他的一切都是由这个整体决定的。他必须服从。

但是，人类历史上的一切也是由于数十亿个体的微小力量而发生的。每个人都通过自己的所作所为和生活方式来承担责任。

但是，对我们来说，眼前现实的是我们周围的小世界。我们的首要任务就是满足它的要求。如果因为我们不能掌握事物的进程，我们就对未来感到绝望，那么我们就错过了切身的现实。我们的自决权取决于周围世界的现实。通过它，我们也参与了整体。

哲学的意义是什么

哲学至少教导我们不被欺骗。它不允许我们忽视任何事实和可能性。它教导我们正视可能发生的灾难。它扰乱了世界的平静。但它也能防止我们把轻率视为理所当然，把灾难视为不可避免。因为未来的事仍取决于我们。

如果哲学在思考上有活力，如果哲学的论证有说服力，如果讲述哲学的人诚实可靠，那么哲学就可以成为拯救的因素。它本身就能改变我们的思维方式。

但是，面对可能的彻底失败，即使是在人毁灭之时，哲学依然维护人的尊严。人与患难中的同伴团结在一起，坚定地以真理为基础，期待着可能到来的一切。

第4讲

哲学的生活方式

如果我们不想让自己的生活漫无目的和没有意义，就必须为它找到某种秩序。在日常生活中，它必须由一个包含工作、成就和重要时刻的、统摄的、连贯的结构来承载，并在重复中不断深化。这样，即使做着一成不变的工作，我们的生活也会充满一种知道自己与意义相关联的心境。这样，我们就会通过某种世界和自我意识，立足于我们所属的历史，并通过回忆和忠实来支撑自己的生活。

这种秩序可以从个人所处的世界中产生，然后，个人通过自己的自发性获得他每天在环境中可见和存在的东西。在一个正在解体的世界里，在一个越来越少人相信传统的世界里，在一个仅仅作为外在秩序而存在的世界里，在一个没有象征性和超越性的世界里，在一个心灵空虚的世界里，在一个对人的帮助不够的世界里，在一个让人自由的世界里，在一个让人在贪婪、无聊、恐惧和冷漠中自生自灭的世界里，情况就不同了。这样，人就只能依赖自己。在哲学的生活方式中，他寻求通过自己的力量发展壮大，而这是他周围的世界所不能带给他的。

过一种哲学式的生活的意愿来自个人所处的黑暗，来自他凝视着空虚而没有爱时的惆怅，来自当他感到被俗世中的忙碌所吞噬的自我遗忘，当他突然醒来，惊愕地问自己：我是什么，我做错了什么，我应该做什么？

这种自我遗忘是技术世界所要求的。在钟表的指令下，人被划分到磨人的工作或纯机械性的工作，而这些工作越来越少地满足人作为人的需要，这导致了一个极端，即人觉得自己是一个机器零件，在这里和那里被交替使用，而当被解放出来时，自己什么也不是，什么也做不了。就在他开始回归自我的时候，这个世界的巨人又想把他拉回到无意义的工作和无意义的休闲中去。

但是，人本就有自我遗忘的倾向。人必须让自己从中脱身，以免迷失于世界、习惯、不假思索的陈词滥调、俗套之中。

哲学是唤醒我们的本原，找到回归自我的道路，并通过内心的行动来帮助我们自己的抉择。

哲学式的生活有两条路径：在独处时，以任何一种思考的方式进行沉思；在与人交往时，以任何一种方式的相互理解进行交流，包括彼此行动、彼此交谈、彼此沉默。

每天的沉思时刻对我们来说是不可或缺的。沉思之时，我们重新找回了自我意识，以免在日常生活中不可避免的分心中完全失去了对本原的意识。

哲学沉思没有神圣的对象，没有神圣的场所，没有固定的形式。我们为其确立的秩序不会成为一种规则，它仍然保持一种自由活动的可能性。哲学沉思是孤独的。

哲学沉思的可能内容是什么呢？

第一，自省。我想象自己一天中的所做、所思、所感。我检查哪些地方做错了，哪些地方对自己不诚实，哪些地方我想回避，哪些地方我不真诚。我看到自己在哪些方面与自己意见一致，并希望改进。我意识到我对自己的控制，以及我是如何在一天中坚持控制自己的。我评判自己——就我个人的行为而言，而不是就我这个无法触及的整体而言——我找到了我想要遵循的原则，也许我确定了在愤怒、绝望、无聊和其他自我迷失时我想对自己说的话。

第二，超越性沉思。我以哲学思想为指导，来确定真实的存在。我借助诗歌和艺术来解读存在的种种密码。我通过哲学的再现让自己理解它们。我寻求确定什么是独立于时间的，什么是永恒的，我寻求触及我的自由之源，并通过它触及存在本身;我似乎在寻求参与创造。

第三，我们沉思当前需要做的事情。对自己集体生活的回忆（及沉思）是使得当前任务并直至今天的琐事变得明亮的背景，特别是当我在不可或缺的紧张而有目的的思考中失去了统摄的感觉时。

没有在交流中实现的东西，只是还未实现。没有在交流中最终建立起来的东西是没有充分依据的。真理始于双方。

因此，哲学要求不断地寻求交流，毫不犹豫地敢于交流，放弃以各种不同的伪装强加给自己的蔑视性自我主张，生活在希望中，我将从屈服中出乎预料地回归自我。

因此，我必须不断地怀疑自己，不能盲目自信，不能坚持自己身上任何臆想的光亮，即使它现在可靠地照亮我，真实地判断我。这种自我肯定是最诱人的不真实的自我肯定。

如果我以三重形式进行沉思：自省、超越性沉思、实现任务，如果我敞开心扉，无拘无束地交流，那么我永远无法强求的东西就会出乎预料地呈现在我面前；我的爱的明晰、始终不确定的要求、存在的启示，以及与之相伴的也许是我们生命中永久的躁动中的平静、在可怕的灾难中对事物的合理性的信任、在激情的波动中坚定的决定、在这个世界的流逝中忠诚的可靠性。

那么，进行哲学思考就同时学会如何生以及知晓如何死。因为时间中的此在总是具有不确定性，生活始终是一种尝试。

在这种尝试中，重要的是要敢于走进生活，敢于暴露自己，哪怕是极端的暴露，而不是掩盖，让真诚的观察、质疑和回答不受束缚地占上风。然后，在不了解整体的情况下走自己的路，不对实际存在的事物有一个具体的概念，不通过错误的推理或欺骗性的经验找到窥视孔，使我们能够客观地从世界直接窥见超越。

只有从这里开始，在这个充满疑问的存在中，生活才会变得美好，世界才会变得圆满，此在本身才会变得充实。

如果说哲学思考就是学习如何死，那么学会如何死恰恰是过上正确生活的前提条件。学习生和学习死是一回事。

沉思教给人们思考的力量。思考是做人的开始。在正确认识客观事物的过程中，我体验到了理性的力量，就像在数学运算过程中，在自然科学中，在技术规划中所体验到的一样。随着我的方法变得更加纯粹，我的推论中的逻辑变得更加有力，我对因果关系链有了更深入的了解，我的经验变得更加可靠。

但是，哲学思考是从这种理性知识的极限开始的。理性在对我们真正重要的事情上是无力的，它不能帮助我们设定目标和最终目的，不能帮助我们认识至善，不能帮助我们认识人类自由。理性的这种不足带来了一种思维，这种思维不仅仅借助于理性工具，而且超越理性。因此，哲学在理性认知到达极限时绽放。

那些认为自己能看透一切的人不再进行哲学思考，那些把科学知识当作存在本身和整体知识的人陷入了科学迷信。不再惊叹的人，也就不再追问。不再想知道秘密的人，也就不再探究。有了对知识的可能性极限的基本判定，哲学才会对知识极限中的不可知之物持完全开放的态度。

在这些极限中，认知会停止，但思考不会。凭借我的知识，我可以在技术应用中对外行动，但在这种不知中，我可以对内行动，在行动中我得到了改变。在这里，一种不同的、更深层次的思维力量显现出来，它不再是松散地指向某个对象，而是在我的存在的最内在部分完成，在其中，思维与存在趋于相同。以外在的技术力量来衡量，这种关于内在行动的思想是虚无的，它不是可以掌握的实用知识，它不能按照计划和目的来塑造。这是一种真实的启迪和成长。

理性是伟大的拓展者，它固定对象，展开存在的张力，也让理性无法把握的一切变得强大而清晰。心智的澄明使界限的澄明成为可能，并成为实际推动力的唤醒者，而这种推动力，既是思考，也是行动，既是内在的行动，也是外在的行动。

人们要求哲学家按照他的学说来生活。这句话的意思表达得很糟糕。因为哲学家没有学说的规则，在这些规则之下，现存的个别事实可以被纳入其中（就好像把事物归入经验公认的范畴之下，或把事实归入法律秩序之下）。哲学思想不能被应用，相反，它们是现实，人们可以说：在这些思想的完善中，人自己生活着，或者说：生活渗透着思想。因此，做人与哲学是不可分割的（这有别于人与科学知识的可分离性），而且不仅要有哲学思想，同时还要意识到思考哲学思想的哲学人性。

宁静变成了被动，信任变成了对万物和谐的欺骗性信念，死亡的能力变成了对世界的逃避，理智变成了对一切听之任之的冷漠。最好的变成了最坏的。

交流的意愿被自相矛盾的伪装所欺骗：一个人希望幸免于难，却又在自我审视中坚持绝对自信的主张。一个人因神经紧张而希望得到原谅，却又声称自己是自由的。一个人保持谨慎、沉默和隐蔽的防卫，而一个人却毫无保留地表示愿意交流。一个人在自以为是地谈论这个想法的时候，却想的是自己。

哲学生活要看透并克服自身的这些颠倒，在不确定性中认识自身，因此不断寻求批判，寻找对手，渴望质疑，希望被倾听，不是为了征服自己，而是为了在自我照亮中向前迈进。只要有在公开且毫无保留的交流，这种生活就会在与他人的和谐相处中找到真理和不求回报的肯定。

哲学甚至必须把充分交流的可能性留在不确定性中，尽管它靠交流的信念而生存，把一切都押在交流上。人们可以相信交流，但不了解交流。当一个人相信自己拥有交流时，他就失去了交流。

因为这是一种可怕的限制，而这种限制从未被哲学思考视为最终的限制：让自己沉入遗忘，允许并承认没有被阐明的东西。我们说了这么多，其实重要的东西很简单，不是笼统的句子，而是具体情况的标志。

在出现逆转、纠结和混乱的地方，现代人需要精神科医生。事实上，有些身体疾病和神经官能症与我们的精神状况有关。了解它们、认识它们、处理它们，这是现实行为的一部分。医生的作用不应该被无视，在这里，医生根据批判性的经验和能力真正地了解某些事情。但今天，在心理治疗的基础上发展起来的东西，不再是以医学科学为基础的医学，而是哲学，因此，就像每一种哲学思考一样，需要从伦理学和形而上学的角度去审视。

哲学式生活的目标不能被表述为一种存在状态，这种状态是可以达到的，一旦达到，就是完美的。我们的存在状态只是生存奋斗或失败的表现。我们的本质是在路上。我们想要穿越时间。这只有在对立性中才有可能：

只有完全存在于我们历史性的这个时代，我们才能体验到永恒的当下。

只有作为这种形式下特定的人，我们才能确定我们的人性。

只有当我们体验到自己的时代是我们统摄的现实时，我们才能在历史的整体性和永恒中把握这个时代。

在升华中，我们触摸到了我们状态背后的光明本原，但也时刻面临着黑暗的危险。

这种哲学式生活的升华是人类的升华。作为一个人，他或她必须进行交流，而在交流中不能将自己的责任推卸给他人。

我们在历史上具体的、可选择的生活行为中实现这种升华，而不是通过选择命题中规定的任何所谓的世界观来实现这种升华。

最后，在时间中的哲学情景要通过比喻来刻画：

当哲学家在坚实土地的安全地带——在现实经验中、在个别科学中、在范畴和方法论中——确定了自己的方向，并在这块土地边缘的宁静道路上探索了理念世界之后，他终于像一只蝴蝶一样在大洋岸边翩翩起舞，在水面疾掠；他发现一艘船，他想登上这艘船去进行一次探索之旅，去探索在他的存在中作为超越性而存在的那个东西。他注视着那艘船——进行哲学思考和过哲学式生活的方法——那艘他看见了却还永远无法到达的船。

我们就是这样的蝴蝶，如果放弃在坚实陆地上的定位，我们就会迷失方向。但我们并不满足于停留在那里。这就是为什么我们的翩翩起舞对于那些在陆地上因安稳而感到满足的人来说是如此的不确定，或者如此的可笑，只有那些被躁动不安所笼罩的人才能理解。对他们来说，世界成了飞翔的起点，而飞翔是最重要的，尽管与他人结成了共同体，但每个人都必须自己去冒险，因此，飞翔永远不会成为任何学说的目标。

第5讲

哲学的历史

哲学有着悠久的历史。哲学需要幸运的社会条件，才能客观地呈现在著作中。哲学真正的现实性在任何时候都向每一个人开放；在人类生活的任何地方，它都以某种形式存在着。

哲学服务于个人。哲学展现了一个通过所有民族和时代相互连接的精神王国。

只要哲学触及永恒的真理，它就能不带暴力地鼓舞人心，它就能从灵魂的最深处为灵魂带来秩序。但是，当哲学将其真理服务于世俗权力的时候，它就诱使人们为了生存而自欺欺人，就会导致灵魂的无序状态。它越是想成为科学，就越是空洞无物，成为既不是科学也不是哲学的把戏。

独立的哲学并不是任何人都能自然形成的。没有人天生就通晓哲学。人必须始终重新获得哲学。只有从自己的本原中去理解哲学的人，才能掌握哲学。对哲学的初次短暂的感知可以激发一个人对哲学的热情，随之而来的是对哲学的研究。

这包括三个方面：在实践上，通过每天的内在行动；在事实上，通过对科学、范畴、方法和系统的研究来获取种种内容；在历史上，通过吸收哲学传统。

如果阅读哲学史是为了促进我们自己的哲学思考，那么就必须尽可能从最广泛的意义上理解哲学史。我们必须摆脱这样一种观念，即哲学活动本质上是大学教授们的事情。只有当我们把真理与产生它的环境和孕育它的人们的命运联系起来审视时，才能理解真理的历史表现。如果说这些表现对我们来说是遥远而陌生的，那么正因为如此，它们对我们才具有启发性。我们必须从哲学思想和思想家的物质现实中寻找他们。

在深入研究一部作品的过程中，当我们尽可能接近这部作品的创作背景时，我们就会接触到哲学史。

从这里开始，我们寻找的是向我们展示哲学史整体的角度，虽然这些视角值得怀疑，但可以作为我们在如此广阔空间中的方向指引。

2500年的整个哲学史就像是人类意识到自身的一个宏大的瞬间。这一瞬间同时也是无穷无尽的讨论、展现了各种力量的碰撞、似乎无解的问题、伟大的著作和思想的退化、深刻的真理和谬误的旋涡。

在我们的哲学史研究中，我们寻求一个框架，将哲学思想置于其中。只有通过整个哲学史，我们才能了解哲学是如何在最多样化的社会政治条件下和个人境遇中发展起来的。

哲学在中国、印度和西方各自独立发展。尽管偶尔会有交流，但在公元元年之前，这三个世界的分离是如此明显，以至于每个世界都必须以自己的方式进行研究。

在这三个世界中，发展有着类似的曲线。在经历了一段难以理清的史前史之后，轴心时代（公元前800年至公元前200年）各地出现了基本思想。随后是宗教的分化和统合，接着是反复的更新、总结、系统化发展的体系（经院哲学），尤其是具有崇高形而上学意义的逻辑思辨达到了极致。

西方哲学从历史的角度可以划分为四个前后相继的阶段：

第一阶段，古希腊哲学。它从神话到逻各斯，创造了西方的基本概念，创造了对存在、世界和人的整体思考的范畴和可能的基本立场。对我们来说，它仍然是朴素的类型学领域，我们必须通过吸收它来保持清晰性。

第二阶段，中世纪哲学。它走的是一条从宗教到思想认识、从启示到神学的道路。在这一过程中，发展起来的不仅仅是具有维护和教育功能的经院哲学。

第三阶段，近代欧洲哲学。它是与现代自然科学和人不受任何权威约束的新的个人独立性一起出现的。开普勒和伽利略、布鲁诺和斯宾诺莎代表了新的道路。对我们来说，这条道路维护了科学真正的意义（尽管它从一开始就被歪曲）和精神的自由。

第四阶段,德国观念论哲学。从莱辛和康德到黑格尔和谢林，这些思想家们所走过的道路或许在沉思的深度上超越了西方迄今为止的所有思想。他们没有国家和社会的巨大现实背景，他们隐秘的私人此在为整个历史和宇宙所充满，丰富了思辨艺术和对人类内涵的憧憬。他们凭借其伟大的著作鼓舞了世界。我们需要从他们那里获得可能的思想的深度和广度。如果没有这些著作，我们将会失去这些思想的深度和广度。

当我们寻求更深层次的意义时，我们可能会遇到这样的问题：

第一，哲学史的统一性问题。这种统一性不是事实，而是一种观念。我们追求这种统一性，但只能找到特定的统一性。

我们可以看到某些问题（如肉体与灵魂的关系问题）在不同时期成为焦点，但历史事实只是部分地与思想的逻辑结构相一致。我们可以看到体系的演进，例如，我们可以看到，德国哲学，乃至整个哲学，是如何按照黑格尔所认为的那样在他自己的体系中达到顶峰的。但是这种建构违背了事实，没有考虑到早期哲学思想中那些对黑格尔思想是致命的，因而被黑格尔所忽略的因素。树立这些观念的哲学家往往忽视了别人思想的本质。把哲学史建构为逻辑上连贯的一系列立场，是不符合历史事实的。

我们所能给予哲学史的任何统一的建构，都被个别哲学家的天才所破坏。尽管存在所有可论证的关联和影响，伟大之物仍然是一个无与伦比的奇迹，与我们所能理解的发展完全不同。

哲学史上的统一性概念，可以适用于那种内部自成一体的永恒哲学，它创造自己的历史器官和结构，创造自己的外衣和工具，但并没与它们合而为一。

第二，开端及其意义的问题。开端是某一思想在某一时刻的第一次出现。本原则是始终存在的基础事实。

我们必须随时从对思想的误解和扭曲中回归本原。一些思想家没有遵循重要的、传承下来的文本的指导来寻找这个本原，而是陷入了在时间上的开端寻找它的错误。通往本原的旅程总是以一种寻找开端的错误形式出现。

对我们来说，那些可以到达的开端具有强大的魅力。但是，绝对的开端确实无法寻得。在我们的传统中被视为开端的东西都是一个相对的开端，它本身就是早期发展的产物。

因此，历史研究的一个基本原则是，在考察流传下来的文本时，我们要把自己限制在它们的真实内容上。只有秉持一种历史的态度，我们才能加深对传承下来的文本的了解。重建已经失去的东西，重建之前的东西，以及填补空白，都是徒劳的。

第三，哲学的发展和进步问题。哲学史上有一些人物序列，例如，从苏格拉底到柏拉图和亚里士多德，从康德到黑格尔，从洛克到休谟。但是，如果认为后来者保留并超越了前人的真理，那么即使是这样的序列也是错误的。前人的思想精髓往往被抛弃，甚至不再被理解。

有一些思想交流的时代持续了一段时间，思想家们各抒己见，如古希腊哲学、经院哲学、1760年至1840年的“德国哲学运动”。

这些都是原初思想交流活跃的时代。在其他一些时代，哲学作为一种教育现象而存在，而在另一些时代，哲学似乎几近消失。

将哲学的全面发展视为一个进步的过程具有误导性。哲学史与艺术史的相似之处在于，其最杰出的作品具有不可替代性和独特性。哲学史与科学史的相似之处在于，成倍增加的各种范畴和方法，并被深入地使用。哲学史与宗教史的相似之处在于，一系列原始的信仰行为得到了思想上的表达。

哲学史有它的创造性的时代。哲学始终是人类的特质。与其他思想史不同的是，一流的哲学家可能在所谓的衰落时代突然出现。3世纪的普罗提诺、9世纪的爱留根纳是孤立的人物，是独一无二的高峰。他们的思想材料符合传统，或许他们所有的思想都源于传统，但作为一个整体，他们贡献了一种全新的基本思维模式。

因此，就哲学的本质而言，永远不能说它已经终结。哲学在每一场灾难中都屹立不倒，哲学存在于少数人的思想中，即使是在精神贫乏的时代里哲学也以某种方式出现在孤立的作品中。

对于哲学史来说，发展是一个毫无意义的概念，因为每一种伟大的哲学本身都是完整且独立的存在，不涉及历史上更广泛的真理。科学遵循的是一条渐进的道路。从哲学的意义上说，哲学必须在每个人身上实现完整。因此，把这个或那个哲学家仅仅说成是一个里程碑或先驱是不恰当的。

第四，哲学家的等级问题。个别思想家和时代清楚地表明，哲学史是有其等级次序的。哲学史不是将所有著作和思想家等量齐观的领域。只有少数人能达到某些思想高度。有些伟大人物，就如同群星中的恒星。但这并不意味着我们可以建立一个最权威的等级体系，让每个人都信服。

某一时代诞生的哲学著作的内容与当时的人普遍持有的看法相去甚远。每个人都认为显而易见的东西，都可以用哲学的形式来表达，正如那些可以作无限解释的伟大的哲学思想一样。一种平静的、有限的视野和对以这样的视野看到的世界的满足；对未知的向往；极限的疑问——所有这些都可称为哲学。

哲学没有宗教所具有的典籍，没有只须遵循的权威，没有现成的终极真理。但是，哲学史传统的整体性，这种取之不尽、用之不竭的真理积淀，为我们展示了哲学的方法。

这种权威的本质在于，人们无法明确地服从它。我们的任务是以我们自己的经验，通过这种权威来认识我们自己，在这种权威的本原中找到我们自己的本原。

只有从当下哲学的严肃性出发，才能在历史表象中与永恒哲学取得联系。历史表象是与共同的当下深入联系的手段。

因此，哲学史研究是分阶段、有距离地进行的。治学严谨的学者在研究文本时，知道自己处于哪个层面。他必须高明地掌握“事实”。但是，历史研究的终点和顶峰在于本原性的交流时刻。只有到那时，曙光才会出现，给所有事实研究带来意义和统一。没有这个中心，就没有这个哲学的本原，哲学史就不过是对谬论、怪说的记录而已。

哲学史——作为我思考的空间——以一种独特的完美方式为我自己的探索提供了榜样。哲学通过它的尝试、成功和失败提出问题。哲学通过那些坚定不移地走在这条艰难道路上的人的榜样来鼓励我。

把一种过去的哲学当作自己的哲学是不可能的，就像照着一件古老的艺术作品重新创作一样。我们充其量只能制造出一个具有欺骗性的复制品。我们热爱古老的文本，就像我们热爱古老的艺术作品一样，我们沉浸在它们的真理之中，但在它们中，有一种遥远的、不可企及的、深不可测的东西，虽然它是我们一直生活在其中的东西，它使我们开始走上今天的哲学思考之路。

因为哲学思考的意义在于当下。我们只有此时此地这一个现实。我们因逃避而错过的东西一去不复返，但如果我们荒废了自己，我们也失去了存在。每一天都弥足珍贵：一瞬间可以是一切。

如果我们迷失在过去或未来，我们就辜负了自己的使命。只有通过当下的现实，我们才能进入永恒；只有把握住时间，我们才能到达那个一切时间都消失之境。

第6讲

如何学习哲学

关于哲学的研究

哲学思考关注的是无条件者以及在现实生活中呈现出来的本真之物。

每个人作为人都在进行哲学思考。

系统的哲学思考需要研究。哲学的研究可以分为三个部分：

第一，参与科学研究。从自然科学和语文学这两个主要根源出发，科学的学科扩展到无数的专门领域。科学的经验、科学的方法、科学的批判方法，使得科学的态度对于真正的哲学思考是不可或缺的。

第二，研究哲学大家。如果不了解哲学的历史，就无法找到通往哲学的道路。研究者在攀缘的过程中，从伟大的著作中汲取营养。但他只有通过实际的参与，通过他自己在学习中被唤醒的哲学思维，才能在他的攀缘中取得成功。

第三，认真对待日常生活，严肃对待重大决定，对我们所做过和经历过的事情怀有一种责任感。

要想获得清晰而真实的哲学，我们必须在这三条道路上下功夫。因此，每个人，尤其是每个年轻人要考虑的问题是，他想以何种特定形式沿着这三条道路走下去；因为他只能把握这些道路上自身可能性的一小部分。问题在于：

为此，我想从专业角度了解哪类特定的科学？

我不仅要阅读，还要研究哪些哲学大家？我该如何生活？

答案只能由每个人自己去寻找。答案不应该是固定形式的，也不该是最终的或流于表层的。尤其是年轻人，必须让自己处于一种可能性和尝试性的状态。

因此，要果断行事，但不拘泥；要做检验和修正，不要随意或武断，而是以建设性的精神，保留每一个经验，作为你思考的有效力量。

关于哲学的阅读

当我阅读时，首先要理解作者的意思。然而，要理解作者的意思，不仅要理解他的语言，还要理解他所谈之物。我的理解取决于我所掌握的专业知识。

在哲学研究中，有一个基本现象，即我们首先要通过理解文本来获得专业知识。因此，我们必须思考事物本身，同时思考作者是如何理解的。二者缺一不可，否则阅读将毫无成效。

当我们在研读文本的过程中思考作者所谈之物时，就会在理解上发生不自觉的转变。因此，二者都是正确理解的必要条件：一是沉浸在问题中，二是回到对作者意图的清晰理解上。在第一条道路上，我获得了哲学，在第二条道路上，我获得了历史性洞见。

阅读时要怀着信任作者，并对他所谈之物充满热情的态度。开始时，我必须把文本中所谈的一切都当成真实的来读。只有当我完全沉浸其中，进入他所谈之物，然后从中心点抽身而出时，才能开始有意义的批评。

我们在何种意义上研究哲学史，并对过去的哲学进行适当的研究，可以按照康德的三个要求来讨论：独立思考，从他人的角度思考，一以贯之地思考。这些要求是无限的任务。任何预期的解决方案，使我们看起来已经或可以拥有它们，都是一种错觉。我们总是在寻找解决方案的路上。在这段路上，历史帮了我们。

独立思考并非凭空产生的。我们所思考的东西必须根植于现实。传统的权威唤醒了我们期待相信的本原。所有进一步的研究都以这种信赖为前提。没有它，我们就不会花心思研究柏拉图或康德。

我们自己的哲学思考就像围绕着历史上的哲学家向上延展。在理解他们的文本时，我们自己也成为了哲学家。但是，这种充满信赖的学习并不是服从。在追随的过程中，我们检验自己的本质。这种“服从”是对引导的信任，首先要相信它是真实的；我们不应该在任何时候立即进行批判性的反思，也不应该通过这些批判性的反思来玷污我们自己在这伟大哲思之下的真实存在。服从也意味着尊重，它不允许自己轻易去批评，而只允许通过我们自己认真的努力，越来越接近问题的核心，直到我们能够解决。服从的界限在于，只有在自己的思考中能够成为自己信念的东西才被承认为真理。任何哲学家，哪怕是最伟大的哲学家，都不可能占有真理。吾爱吾师，吾更爱真理。

只有当我们独立地努力站在他人的立场上思考问题时，我们才会明白为自己思考的真理。我们必须了解人类的可能性。通过认真尝试思考他人所思，即使拒绝接受他人的思想，也能扩大自己真理的可能性。一个人只有敢于将自己完全投入其中，才能有所认识。遥远与陌生、极端与例外，甚至是离奇的事物都会吸引我们，这样我们才不会因为遗漏了一些原始的东西、因为盲目或因为视而不见而错过真理。因此，哲学思考者不仅要转向第一个被选中的哲学家，把他完全彻底地当作属于自己的哲学家来研究，而且还要转向世界哲学史，了解过去和现在的思想。

转向历史会使人分散到多重和不相关的事物中去。始终与自己一致思考的要求针对的是长时间沉溺于好奇心和思考多样性的乐趣的诱惑。我们从历史中学到的，应该成为一种激励，要么引起我们注意，要么让我们发出疑问。历史要素不应该在我们的头脑中毫不相干地并存。虽然历史事实本身并没有使这些要素进行交流和接触，但我们必须在这些要素之间制造摩擦。我们必须在最不相关的要素之间建立联系。

所有的历史要素通过被吸纳到思考者的自我中而聚集在一起。

与我们自己保持一致，就是把分离的、矛盾的、分散的东西联系到一个统一的东西上去，从而保持我们自己的思想。宏阔的历史，经过理智的吸收，成为一个统一体，虽然是一个开放的统一体。哲学史的统一性理念在现实中不断失效，而这是不断地推进自己进一步思考的动力。

对哲学史的陈述

这些陈述有着截然不同的目标：

收集整个传统、对现有文本的简单细节的陈述、哲学家的传记资料、对社会问题的解释和已为人所知的真实背景的讨论、对可验证的发展或演变的可理解的阶段的预测。此外，还有对介绍性再现作品的内容，构建其中有效的主题、系统和方法的考察。

然后是对个别哲学家和整个时代精神或原则的特征的概括，最后直至整个世界哲学史的历史图景。

陈述哲学史既需要具备哲学洞察力，也需要亲身参与哲学思考。最真实的历史理解必然同时也是自己的哲学思考。

黑格尔是第一个自觉地、全面地从哲学上吸收整个哲学史的哲学家。正因为如此，他的哲学史至今仍是最伟大的成就。但由于黑格尔自身的原则，这部哲学史既深刻又具有破坏性。所有过去的哲学在黑格尔耀眼的光芒下似乎只显现了片刻，就像出现在探照灯下一样；但随后人们必定突然意识到，黑格尔的思想就像切掉所有过去哲学家的心脏，并把残余部分埋进历史的巨大墓地。黑格尔结束了过去的一切，因为他相信过去可以忽略不计。他的理性探究不是不偏不倚的探索，而是毁灭性的操作，不是持久的追问，而是征服性的占领，不是共存，而是主宰。

因此，我建议始终同时阅读几种对历史的陈述，以便从一开始就避免陷入一种所谓不证自明的观点。如果你只读一种陈述，它的框架就会不由自主地强加给你。

关于西方古典哲学

前苏格拉底哲学家唯一的魅力在于“开端”。因此，他们是非常难以理解的。我们必须尽量忽略所有的“哲学教化”，因为它们遮蔽了普通思维和言说方式中的那种直接性。在前苏格拉底哲学家那里，思想是从对存在的原始经验的思考中产生的。我们正处于最初的精神启蒙之中。一位伟大思想家的作品，其独特的风格一去不复返。由于只有片段流传下来，几乎每一位诠释者都很快屈服于穿凿附会的诱惑。这里的一切仍然充满神秘色彩。

柏拉图、亚里士多德和普罗提诺的著作是古希腊哲学中仅存的保存完整的作品。在所有古代哲学研究中，这三人的作品居于首位。

柏拉图传授了永恒的基本哲学经验。古希腊哲学的全部财富都融入到了他的思想运动之中。在他自己时代的崩溃中，他站在了时间的边缘。他以最独立的开放性融合了可想象的事物。他以最清晰的方式传达他的思想运动，但这种方式使哲学的秘密变成了语言，并始终以秘密的形式存在。在他那里，一切质料都消融了。完成超越是唯一的本质。柏拉图攀登了人类思维无法超越的顶峰。哲学最深层的动力至今仍从他身上迸发出来。他在任何时候都被误解，因为他没有带来可学习的学说，想了解柏拉图必须永远重新学习。在柏拉图的研究中，正如在康德的研究中一样，人们并不是在学习一种固定的东西，而是在自己进行哲学思考。所有后来的思想家都以他们理解柏拉图的方式来展现自己。

从亚里士多德那里，人们学到了自他那个时代以来主导整个西方思想的范畴。他确定了哲学思考的语言（术语）——无论是赞成还是反对他，抑或是在超越这种哲学思考的整个层面上。

普罗提诺以古代哲学的整个传统为手段，表现了一种奇妙的形而上学，这种形而上学在氛围上具有原初性，从那以后作为真正的形而上学流传下来。

斯多葛派、伊壁鸠鲁派和怀疑论者，加上柏拉图派和亚里士多德派，形成了古典时代晚期受教育阶层的普遍哲学，西塞罗和普鲁塔克也这一阶层著述。尽管他们之间的立场相互冲突，争论不断，但他们代表着一个共同的世界。全面参与造就了兼收并蓄，但也造就了这些古老时代特别有限的基本态度、个人尊严、一个本质上只是重复的东西的连续性、特殊的完备和贫瘠，但人们相互理解。这就是今天仍然常见的通俗哲学的基础。最后一个富有魅力的人物是波爱修，他的《哲学的慰藉》因其氛围、美感和真实性而属于基础性哲学著作。

从那以后，教育、术语、说话方式和态度上的哲学共同体的阶层次序是中世纪的神职人员、文艺复兴以来的人文主义者，而1770年至1850年间，从里加到苏黎世，从荷兰到维也纳教育界中，德国哲学思辨、唯心主义氛围的影响较弱。从文化史和社会学的角度来看，探讨这些层面是很有意义的。重要的是要把握从伟大的哲学冲击到这种泛化的思想形式之间的距离。特别是，人文主义之所以重要，是因为它的本原不是伟大的哲学，而是一种对传统和占有的精神态度，是一种不偏不倚的理解，是一种人类的自由，没有这种自由，西方的此在就是不可能的。从古希腊人有意识的教化，以及西庇阿时代希腊对罗马的影响开始，人文主义（在文艺复兴时期才开始被意识到，在皮科、伊拉斯谟、马西利奥·菲奇诺等人身上的体现仍值得我们了解）经历了各个时代。在我们这个时代，人文主义已没落。如果人文主义消失了，那将是一场不可估量的人类精神灾难。

关于西方中世纪哲学

在西方中世纪思想家中，奥古斯丁的著作有着大量令人印象深刻的表述，有着古典哲学所缺乏的沉思性和热情。他那无比丰富的著述中充满了重复的语句，有时修辞华丽，整体上或许不够优美，细节上对深刻真理的表达却简洁而有力。人们可以从他的引文和与他人论争时的发言中了解他的对手。他和他的著作，至今仍是寻求了解灵魂深处的一切思想的源泉。

爱留根纳带来了一种自我意识对世界开放的新气氛。他博学多才，精通希腊语，是亚略巴古的狄奥尼修斯作品的译者，他以传统的概念材料创立了他那宏大且独特的体系。他的作品是在忠实于哲学的生活状态下，对崇高传统的回忆性的虔诚的教化产物。

中世纪的方法论最早在安瑟尔谟身上得到独特体现。在逻辑和法学思想的严谨形式中，蕴含着形而上学思想的直接启示的魅力。只要我们像巴门尼德那样从人类的普遍性出发，而不是从基督教教义学的历史性出发，那么，就思维的轨迹和特定教条命题的所谓强制力而言，安瑟尔谟与我们（时代）非常遥远，与我们（时代的思想）格格不入，但他对内容的揭示却真实可信。

阿伯拉尔传授了反思的力量、逻辑可能性的途径、辩证对立的方法作为讨论问题的方式。通过对矛盾的极端质疑，他成为了经院哲学方法的奠基人，这种方法在托马斯·阿奎那那里达到了顶峰。

托马斯·阿奎那建立了一个伟大的、近乎权威的体系，在这个体系中，自然王国和恩典王国，理性的王国和信仰的王国，世俗的和教会的，被反驳的异端立场和其中的真理元素，都包含在一个统一体中。他将中世纪的思想成果统一起来。从他的角度来看，他们都做了准备工作，最后是阿尔伯特·马格努斯系统地整理了亚里士多德的所有材料和方法。托马斯也许只是在思想的清晰度、尺度和简洁性方面超过了他。从但丁的《神曲》中可以了解到中世纪这一完美的哲学现实的意境和视野。

邓斯·司各脱和奥卡姆几乎是在中世纪思想的完整建构似乎已经完成的时刻，实现了突破。邓斯·司各脱仍然以一种被认为是正统的形式，通过他在意志和此时此地的独特个体性中发现的深刻难题而引起了人们的关注。奥卡姆将基本的认知态度带入了一场大灾难，现代认知在其中建立起来，它的力量既朴素又深远。奥卡姆的著作至今没有任何现代版本。这些作品也没有被翻译成德文。这也许是迄今为止哲学家史研究中唯一的重大空白。

库萨的尼古劳斯是中世纪的第一位哲学家，我们在他的世界里见到了我们自己。他的哲学思考不再像托马斯那样设计一个体系，不再使用学者的方法，即从逻辑上挪用流传下来的矛盾对立的东西，而是转向事物，无论是形而上的（超越的）还是经验的（内在的）。在他身上有一种全面的思维，这种思维充满爱地接近一切现实，同时又超越现实。世界并没有被绕过，而是在超越的光芒中闪耀。在这里孕育出的形而上学直到今天仍是不可替代的。

马丁·路德提出了基本的存在主义思想，没有这些思想，今天的哲学几乎不可能存在。他将热情恳切的信仰与随时准备适应的审慎、深刻性与敌意、启发性的准确性与原始的咆哮结合在一起，这使得研究既是一种责任，也是一种折磨。从这个人身上散发出来的气氛是异样的，在哲学上是有害的。

加尔文具有严谨、有条不紊的形式、最终结果的宏伟、铁一般的逻辑、对原则无条件的坚持。但他对理论和实际行动的不宽容，是哲学思考的可怕对立面。正视他的面目是件好事，这样就能认识到这种精神，无论它在世界上的任何地方出现，都是遮遮掩掩、支离破碎的。

关于西方现代哲学

与西方古典哲学和中世纪哲学相比，西方现代哲学没有无所不包的整体性，而是分散在最多样的尝试中，充满了宏大的体系建构，却没有实施一个在事实中占主导地位的体系。西方现代哲学的内容异常丰富，充满了具体的、大胆的、自由的抽象，并不断与新的科学保持联系。用意大利语、德语、法语、英语写成的作品存在民族上的差异，而用拉丁语写成的作品属于例外，因为它们仍然几乎完全沿袭着中世纪的习惯。

我们根据各个世纪的轮廓来描述其特征。

16世纪充满了异质的、非凡的个人创造。它们的直截了当使我们感动。它们仍然是丰富的资源。

在政治上，马基雅维利和莫尔是现代不受限制地探究现实关联的开创者。他们的著作今天仍然像当年一样直观有趣。

帕拉塞尔苏斯和波默把我们带入了今天所谓的神智学、人智学和宇宙智慧学的世界，这个世界同样既充满深刻的思想，又充满迷信和不加批判的混淆。他们丰富的直觉和幻想把人引入了一个迷宫。我们必须辨别出隐藏在奇思怪想中的理性结构，尤其在波默那里，它隐藏在辩证的微妙之中。

蒙田是一个全然独立的人，没有在世界上实现自我的意愿。态度与沉思、诚实与审慎、怀疑的公正性与实践的取向都以现代的形式表现出来。阅读他的作品，立刻就会被吸引住。从哲学的角度看，这是对生活的完美表达，但同时又像是一种麻痹。如果没有升华，这种自足就是一种诱惑。

相比之下，布鲁诺是一位不停斗争的哲学家，一个在不满足中消耗自己的哲学家。他知道极限，相信至高无上者。他关于“英雄的热情”的对话录是热情哲学的基础著作。

培根被认为是现代经验主义和科学的鼻祖。这两种说法都是错误的。因为在他所处的时代初期，他并不了解真正的现代科学——数学的自然科学，而且按照他的方式也永远不会出现这种科学。但是，培根以文艺复兴时期对新事物的热情，把自己交给了知识即力量的思想，交给了巨大的技术可能性，交给了消除幻觉以有利于把握现实的思想。

17世纪带来了理性构建的理念。庞大的体系在简洁的逻辑发展中出现。人们仿佛进入了纯净的空气，但生动的饱满和有效的意向却消失了。现代科学出现了，并成为一种范式。

笛卡尔是这个新哲学世界的奠基人，除他以外还有霍布斯。笛卡尔在科学和哲学概念上的颠倒导致了灾难。由于其后果和在这一问题上显而易见的基本错误，人们今天仍然要研究他，以了解避免的方法。霍布斯确实设计了一个存在体系，但其伟大之处在于它的政治建构，其出色的结论显示了存在的脉络，这些脉络有史以来第一次变得如此清晰。

斯宾诺莎是一位形而上学家，他用传统的和笛卡尔式的术语来表达一种哲学的信仰态度，但最初是在他特有的形而上学氛围中进行的。

帕斯卡是科学和体系绝对化的对立。他的思想掌握了这两者，他的思想具有同样的纯粹性，但更真实、更深刻。

莱布尼茨与亚里士多德一样具有普遍性，在内容和发明方面比本世纪所有哲学家都要丰富，他总是在创造，总是很聪明，但在他的形而上学中却没有人类普遍存在的基本构成这一伟大特征。

18世纪首次向读者展示了更广泛的哲学文献流派。这是一个启蒙运动的世纪。

英国启蒙运动的第一位代表人物是洛克。他为从1688年革命中产生的英国世界提供了思想基础，也为政治思想提供了基础。休谟是一位卓越的剖析者，他的知性尽管乏味，但对今天的我们来说并非陈词滥调。他的怀疑来自一种勇气的坚韧和诚实，这种勇气使他敢于直视难以理解的边界。

在法国和英国，都有一种由观察人和社会的人写的格言式和随笔式的文学，我们称这些人之为“道德家”。他们努力把哲学的态度引入心理事物。沙夫茨伯里是阐述生活的美学原则的哲学家。

伟大的德国哲学，以其系统的活力和对最深邃、最遥远的开放性，发展了思想，充实了内容，以至于今天仍然是所有严肃哲学思想不可或缺的基础和教育。代表人物是：康德、费希特、黑格尔、谢林。

康德：为我们在存在意识上迈出了决定性的一步，在超越的思维过程中保持了准确性，在基本维度上照亮了存在，从我们存在的不充分性出发的伦理，广阔的空间和人性的态度。他与莱辛一起照亮了理性本身。他是一个高尚的人。

费希特：狂热的不断升高的思辨力，对不可能之事的拼命尝试。他是巧妙的建构者和道德学家。他身上散发出致命的极端和不宽容的影响。

黑格尔：对辩证法范畴的掌握和多方面的阐述；意识到了思维中各种形式的内容，对西方历史做出了最全面的总结。

谢林：孜孜不倦地探求终极，解开不可思议的秘密，虽然在构建体系上失败了，却开辟了新的道路。

19世纪是过渡、消解和消解意识的时期，不论是物质的广度还是科学的广度。哲学的力量在讲课的哲学家身上变得越来越弱，变成了苍白无力的、随意的体系，变成了哲学史，而哲学史第一次使整个历史材料变得完整。哲学本身的力量生存在几乎不适用于当代人的例外和科学之中。

德国的教授哲学具有启发性，充满了勤奋和热情，统摄，但事实上，它的生命不再来自作为人的能量，而是来自资产阶级文化的大学世界，它具有教育价值、仁慈的严肃性和局限性。即使是更重要的现象，如小费希特、洛茨等人，也只是为了教学而研究，而不是为了实质而研究。

这个时代的原创哲学家是克尔凯郭尔和尼采。他们都没有体系，既是例外，也是受害者。他们意识到了灾难的存在，说出了令人发指的真理，却没有指明方向。在他们身上，这个时代通过人类历史上最无情的自我批判记录了自己。

克尔凯郭尔：内心行动的形式，对个人决定的严肃思考，对一切的重新认识，尤其是对固化的黑格尔思想的重新认识。

尼采：无休止地沉思，叩问和质疑一切，除了新的荒诞之外，搅动一切却找不到根基。

现代科学不是在其运作的广度上成为哲学态度的承载者，而是在个别而又众多的人物身上成为哲学态度的承载者。这里仅举几个例子。

国家与社会哲学：托克维尔通过对旧制度、法国大革命和美国的社会学了解，理解了现代世界走向民主的历程。他对自由的关注，对人的尊严和权威的意识，使他对不可想象和可能的事情提出了现实的问题。他是一流的学者和研究者。洛伦·冯·斯坦因以1789年以来法国人的政治行为和思想为基础，揭示了直至20世纪40年代在国家和社会两极中发生的一系列事件。他的目光投向了欧洲的命运问题。

历史哲学：兰克发展了历史批判方法，以服务于普遍历史观，而普遍历史观本身就是黑格尔和歌德式氛围中的哲学，即使表面上拒绝哲学。雅克布·布克哈特把自己看作是进行历史教化的牧师，揭示了历史记忆的伟大和祝福，以一种根本的悲观态度看待救赎和不幸，因为他站在一个世界的尽头，而这个世界的荣耀只存在于这样的记忆中。马克斯·韦伯放宽了所有的偏见，通过各种手段探究历史的真实，以一种使大多数早期的历史编纂显得苍白、不充分和模糊的方式澄清了关联。他从理论和实践上论证了价值与知识的冲突。他朴素地检验我们对现实的认识，拒绝一切近似和草率的概括，从而开辟了新的道路。

自然哲学：卡·恩斯特·冯·贝尔通过探索性研究，从有机世界的基本特征出发，创造了一幅宏伟的图景。站在他对立面的达尔文把这一图景归结为因果关系的体系，这意味着对任何意义上真实生命观察的破坏。

心理哲学：费希纳建立了一个系统的实验研究，研究感官知觉中心理和生理因素之间的关系（心理物理学）；但这是在概念上合理的一个环节，实际上是对所有生命和事物梦幻般的建构。弗洛伊德在他的揭示性心理学中，将克尔凯郭尔和尼采的卓越认识做了普遍有效的自然化和庸俗化。一个被人道主义形式所掩盖的空洞、仇恨的世界观，确实适合一个虚伪被无情地剖析的时代，但弗洛伊德没有意识到这个世界不是整个世界。

伟大的著作

在每一种深刻的思想中，都蕴含着思想者没有立即意识到的结果。但在伟大的哲学中，包含无限的是整体本身。这是所有矛盾中的那惊人一致的地方，矛盾本身就是真理的表达。它是思想的交织，在清晰的前景中，让深不可测的事物变得明亮。伟大的著作越是被耐心解读就越能看到的奇迹。例如，柏拉图的著作、康德的著作、黑格尔的《精神现象学》。但它们的区别在于：柏拉图的著作具有最清晰的意识、平衡的形式、完美、对方法的最明确的认识，运用艺术来传达哲学真理，而丝毫不失思想的严密性和精确性。

康德最为诚实，他的每一句话都是最可靠的，并且有着最美妙的清晰性。黑格尔的做法就没那么可靠了，他的思想的丰富性和创造性虽然没有融入到他自己的哲学中，却显示出深刻的意义，充满了暴力和欺骗，表现出教条的经院哲学和审美主义的倾向。

哲学家们在水平和类型上差别极大。我在年轻时是否能拜一位伟大的哲学家为师，这是一种哲学上的命运。

人们可以说，在一部伟大的著作中可以找到一切。从一位伟大哲学家那里，人们可以找到整个哲学王国的宝藏。通过对一部伟大著作的不懈研读人们可以找到通向哲学其他部分的媒介。从这一部著作中可以看到其他相关联的一切。这种关联导引着人们对整个哲学史的理解。与此相关的是，人们获得了对整个哲学史的定位，至少学会了通过某一著作来了解哲学史，并思索还有什么与之相关的东西在哲学史中存在。依靠对某些文本的不受限制的彻底考察，人们会对自己从其他哲学体系中获得的知识保持自我批判的态度。

年轻人希望得到一些建议，想知道自己应该选择哪位哲学家。但每个人都必须自己做出选择。我们只能向他展示，让他了解。这个选择是一个重要的决定，可以在尝试之后做出。选择可能在几年后扩展范围。尽管如此，还是可以给出一些建议。一个由来已久的建议是，学习柏拉图和康德，以此来认识一切本质。我同意这个建议。

让自己被吸引人的著作（例如叔本华或尼采的著作）牵着走，则不是在做选择。选择意味着利用一切可以利用的手段进行学习。因此，它意味着从哲学的一个伟大表现出发，逐渐了解整个哲学史。选择没有沿着这条道路走下去的作品是一个无益的选择，尽管每部哲学著作如果真正经过研究的话，都会在某种程度上有所收获。

因此，选择一位伟大哲学家来研究他的著作，并不意味着仅限于他一人。相反，在研究一位伟大哲学家的时候，必须同时尽早看到与他极为不同的人。如果你把自己局限于一个人，即使是最没有偏见的哲学家，结果也会有偏见。哲学与把一个人当作唯一的大师来神化是不相容的。哲学思考的本质是对真理持完全开放的态度，不是向空洞抽象的真理开放，而是向各种各样至高实现中的真理开放。

下篇

对宇宙、生命、爱与死亡的思考

第7讲
宇宙与生命

两个结果：1919, 1945

我们是时代的见证者。对宇宙和物质的认识在这个时代取得了前所未有的进步。一些令人印象深刻的事件使人们意识到这点。我想起了其中的两例：

1919年，第一次世界大战刚刚结束，一件关系到整个人类的事情发生了。在南半球出现日食时，英国人组织的探险队进行了一次技术上很困难的观测，证实了德国科学家爱因斯坦那令人难以置信的预测的正确性，从而证明了其理论的部分正确性。最终得出的结论是：宇宙不是一个三维空间，而是一个弯曲的空间，无边但有限。专家们知道相对论，受过教育的人也像得知某种思维游戏一样听说过这一理论。但现在，它突然不再是空想。证明已通过观测摆在眼前。全世界的公众都感到异常惊讶，因为公众对宇宙是什么这个问题有着浓厚的求知欲。人们感觉到，那些古老的不言而喻的东西已然过时。

对科学的自豪感是一种无私的、共同的快乐。

1945年，原子弹落在了广岛和长崎。此时人们对爱因斯坦的思想早有所闻：原子物质蕴含着一种能量，与我们所知的可控的能量相比大得惊人。爱因斯坦曾提出著名的质能方程。但那时人们还无法从原子中释放出这种能量。所以他的理论在当时似乎没有实际意义。当时人们认为：我们坐在一座永远不会爆发的火山上。甚至在第二次世界大战期间，一位知名的德国物理学家经过计算得出制造原子弹是不可能的。然而，此时在美国的欧洲移民却已经在制造原子弹了。突然间，原子弹在广岛成为现实。那位德国物理学家一开始甚至不相信这个消息。但是，这个消息马上让所有人害怕起来。

对科学成就的骄傲变成了对业已开始的事情的恐惧。

宇宙与物质

从此以后，关于宇宙和物质的新观念以不可阻挡之势塑造着我们的思想。

越来越强大的天文望远镜为我们清晰地展现了宇宙的模样：银河系里有数十亿个太阳。还有数十亿个其他的星系和星云。离我们最近的一个肉眼可见的星云——仙女座星云，已经被确认为仅仅是数十亿个星云中的一个。

这幅宇宙图景仍在我们之前的观念范围之内，只是由于它的巨大而上升到无限。但前所未有的新观念是，这个可见的宇宙只是真实宇宙的前景，而真实宇宙只能被想象，而不可见。它只能用数学公式来表示，尽管这些公式也不是最终的。起初，爱因斯坦认为宇宙是弯曲的空间，无边自有限，其大小可以计算。后来，它变成了一个不断扩大的宇宙，即一个越来越大的宇宙，其时间上的起点是可以计算的。这些数学模型只要能被观测所证实，就是有意义的，但只要不能被新的观测所检验，就是无意义的。每个人在挑战某个研究领域时，都会遇到难以克服的困难。这些关于宇宙整体的不确定的数学模型都无法在科学上得到最终证明。

可以说，宇宙的大门已经敞开，研究的道路无穷无尽。

就像宇宙一样，物质也被令人信服的科学知识所改变。19世纪90年代发现的放射性，即原子衰变，在当时对知情者来说已经是一场精神上的革命。原子的存在现在比以往任何时候都更加确定，但原子并不是最终的基本粒子，而是由质子、中子、电子等更小的粒子组成的。物质的概念与以往有了根本的不同。

第一，不再存在可以确定的最终基本粒子。在模型概念中，比如在波和粒子这些直观上矛盾的概念中，出现了唯一在数学上可以理解的、互补的、非矛盾的过程。第二，新的基本粒子（介子等）不断被发现。但物质的最终最小组成部分仍没有被发现。几年前，斯坦福大学的研究报告指出：质子不是基本粒子，而是具有高密度原子核和围绕原子核的介子云的结构。接下来还有一句话：一些物理学家怀疑，他们可能永远也无法找到物质的最终结构，毕竟他们总会在基本粒子中发现新的子结构。这就意味着，物质是一切存在的基础，是坚硬无比的黑暗，这种观点已不再有效。相反，物质是可以无限探索的，而并不存在一种原初物质。所有物质都是表象，而非基本现实。物质的本质仍然无法确定。

无生命的宇宙荒漠和地球世界

宇宙和物质将我们对世界的认识引向无限，一个变得无限大，永远在远离，另一个变得无限小，永远在收缩。但这些仍然没有给我们一个真实的世界。宇宙包含着我们的地球，同宇宙相比地球像尘埃一样微不足道，而我们就生活在这个微小的物质微粒上。这是我们的世界，有动植物这样的生命，有风景，有气候，有星空；在这里，我们是人类，有人类的世界。宇宙虽然是如此之大，以至于所有这一切与它相比都微不足道，但对于我们的知识来说，它只是物质强大运动中毫无生机的荒漠。

然而，我们的世界，这个辉煌而又残酷的世界，虽然与物质紧密相连，却又无限地超越了物质，不能理解为是从物质中产生的。

现代科学也对这个世界有了新的认识。举个例子，自古以来，存在着一连串大统一的阶段，其中每一个连续的阶段都有前一个阶段的基础：无生命的物质、植物和动物的生命、灵魂的内在性、意识和思想。在近代，这种美丽的整体统一性被理解为一种时间发展，形成了一幅迷人的宇宙–地球自然史图景，而人类则是这幅图景的顶峰。如今，这种统一性已被消解。后一个阶段无法从前一个阶段衍生出来，而是被一个飞跃隔开了。各个阶段无法分开理解，也没有任何一个阶段与它们自身相联系。将一切联系在一起的东西不见了。

但是，摧毁了模糊的统一性概念的研究却在另一种意义上重新获得了这些概念：通过认识到各阶段之间的关系，这些关系现在已作为稳步发展中的某些认识而令人惊奇地获得。我只谈无生命物质与生命的关系。

19世纪，人们证明了自然界的一切生物都来自生命——一切生命来自卵——由物质自然生成、无生命和有生命之间的过渡，直到那时，被认为是不言而喻的，但事实证明这是一种交换。与此同时，新的革命开始了。1828年，化学家首次用无机物合成了有机物——尿素，而在此之前，有机物质只能从生物中产生。从那时起，现代有机化学开始发展。人们发现了巨大的有机物世界，包括高度复杂的蛋白质，但所有这些物质都没有生命。

尽管如此，许多人还是不愿放弃这样的想法，即有朝一日可以从物质中制造生命体。但这是不可能的。生命不仅是一种高度复杂的物质，而且是一种活体。它的形态结构是无限的，而不是一个化学物理机器，无论这个机器有多么复杂。生命不仅是一种活体，也是与世界和它所处的环境共同存在的。身体的装置、有目的的化学运作、感觉器官都是由生命体产生的，但还不是生命本身。研究人员会发现并制造出想象不到的生物结构，但他们永远无法创造出生命。

伟大的科学家因其知识而感到谦卑。爱因斯坦在做出宇宙和原子上的发现之后，并没有忘记生命的奥秘。1947年，他在病中想到自己的身体时写道："我真的很惊讶，这台极其复杂的机器竟然还能正常运转。"1952年，他说道："当我做计算时，看到一只小虫飞到我的纸上，我立刻有了这样的感觉：带着科学荣光的我们不过是可怜的愚人。"

但这种情绪仍然难以捉摸。爱因斯坦在哲学上也陷入了这样一种预设：存在的一切都是数学地组织起来的，原则上可以用数学来理解，直到最后一个细节。爱因斯坦还声称，生命是以原子为前提的，"整体的奥秘已经包含在最底层"。但是，我们为什么无法揭示这一奥秘呢？因为当我们的智力深入到更深的层次时，数学就失灵了。目前的数学状况不允许我们推断出基本方程中"隐含的东西"。因此，对于爱因斯坦来说，奥秘并不在于现实本身，而只是因为数学还不足以通过计算来达到目标。

但是，我们要和康德一样主张："生命的统一性，也就是生命从无生命中产生的统一性，如果是这样的话，它在无限中是无法实现的。"新的认识及其惊人的结果只会加深整个谜团。

自然科学创造的新境况

虽然科学研究本身并不是哲学，却为哲学带来了一种新的境况。诞生于另一个起源的哲学，在它所把握和推动的相应科学情境中获得了自己的面貌。

在我们目前的境况下出现了新的境况：科学研究的纯粹性是可能的，也是必要的，正如哲学自身起源的清晰性一样。我只想看看自然概念不清晰的后果。

第一，在此之前，存在的全部工作作为一种世界观理所当然地存在着。今天，我们从普遍的世界观中被解放出来。

如果说世界本身是物质，从中产生的一切都已经在物质中决定了：生命、内在性、意识和思维——这些带有过渡和发展思想的说法已经成为空洞的习语。如果我们想从生命、精神和思维的层面来理解世界，情况也是一样。普遍性并不能把握世界的整体性。它们只影响个体，而非整体。科学是在世界整体性问题面前发挥作用的。对于科学知识而言，世界是以片段的形式呈现在我们面前的，科学研究越深入，科学知识就越纯粹。

但是，从旧的世界观中解放出来后，被误解的科学被引诱到新的所谓科学的世界观中，这比以往的任何一种世界观都更能压制我们的自由。

第二，世界已经祛魅。科学技术将我们从魔法中解放出来，为我们在自然界中的物质存在创造了巨大的解脱条件。今天，魔法不仅是一种实践上的愚蠢行为的无稽之谈，更是人类背叛智慧的不诚实行为。

然而，在技术实践中产生的思维模式中，对世界的认识是颠倒的。情况就是这样：当你打开电灯、调试收音机、驾驶汽车时，你并不知道其内部如何运行。人们学习技术操作，只知道这些操作是以科学知识为基础完成的。但是现在，人们希望世界上的一切事物都是如此，并认为：虽然不是所有的事物都能被理解，但其中绝大部分事物都是可以完全被理解的。科学还不能创造生物或人类，但我们相信它一定能做到。

那么，发生了什么？古老的、魔法的、前科学的联系方式已经被一种轻率的、准魔法的思维方式所取代。从魔法的统治中解放出来的科技，通过不加区分地应用于存在的一切，已经摧毁了我们日常世界的现实。在不断变化的情势氛围中，在与我们命运息息相关的地方，在表象的多样性中，在我们对无所不包的自然的意识中，我们体验到的绝不是不真实的东西，也不能作为主观感觉而被忽视。

我们生活在一个由暗码及其斗争组成的现实世界中。我们的科学认知，通过对现象的分解，只会让这些暗码变得更明亮、更丰富、更原始有效。它们既不能被科学创造，也不能被科学摧毁。

人们所生活的世界观领域对于科学来说是无效的，但这些世界观作为一个概念领域却永远保留着其意义。上和下、天和地、辉煌的苍穹和黑暗的深渊——我们总是以不同的方式来看待这一切，即使在今天也是如此。然而，虚假的觉醒给人类带来了心灵上的盲目。

第三，世界上的现象是可理解的。无论研究深入到哪里，可理解性都会从惊奇中产生，并产生新的惊奇。真正的知识允许自已体验可能，向无限迈进，但又不超出为其设定的范围。

当科学上已知的东西被视为存在本身，当一切非科学上可知的东西被视为不存在时，人类生存的灾难就开始了。科学变成了对科学的迷信，这种迷信披着伪科学的外衣，其中既没有科学，也没有哲学，更没有信仰。

科学与哲学之间的区别从来没有像今天这样明确，也从来没有像今天这样被真理所迫切要求。当科学迷信大行其道时，哲学似乎迷失了方向。

源自纯粹科学和哲学本原的迷惑性偏差破坏了我们的存在意识。我们的存在意识成为一种抽象地理解和体验自身存在的空洞功能。我们的存在意识被歪曲了，因为对世界的看法被简化为对宇宙的表面看法，因为祛魅导致生活氛围变得单调乏味，因为科学迷信是一种与事物进行交易的形式，使事物的真实本质变得不可见。这些歧路阻断了通往哲学的道路。哲学的任务就是冲破这些障碍，让人类回归自身。

让我来总结一下：虽然我们身处世界之中，但我们从未将世界作为对象视为一个整体。我们必须无限地探究可感知的对象。对于我们的认知而言，世界不是封闭的统一体，而是支离破碎的。

科学研究是以适用于世界某些领域的统一性理念为指导的；迄今为止，还没有关于整个世界的统一性的富有成果的科学理念。

世界不是从其本身，不是从物质，不是从生命，也不是从精神来理解的。不可知的现实先于可认知性，也不是认知所能达到的。对于我们的知识而言，世界是深不可测的。

这些都是科学的局限，而不是思想的局限，因为思想的哲学起源于我们的存在。例如，普遍本质的统一性、自身静止的统一性是一种世界性的可能体验，而不是世界的知识。然而，这种世界性统摄以暗码的方式看待现实世界，直至每一个具体的个体。这些都不是科学研究的内容，科学研究既无法解释，也无法反驳。

第8讲

历史与当下

当下的历史图景

与宇宙知识一样，历史知识在今天也得到了广泛传播。发掘工作让深埋地下的世界重见天日。以前未知的语言和文字向我们诉说。洞穴壁画、雕塑和工具让我们看到了没有文字的时代。最后，数十万年前甚至更久以前的骨骼的发现，证明了人类在我们已知历史非常短暂的时期内的生物存在。

整个历史的实证情况是这样的：无文字史前史持续了数万年或更长的时间。有文字记载的历史大约持续了6000年。美索不达米亚、埃及、印度和中国的第一批先进文明，是在从大西洋到太平洋的狭长陆地上发展起来的，中间被沙漠阻隔。只是在公元前800年到公元前200年之间，在中国、印度、伊朗、巴勒斯坦和希腊（不是在美索不达米亚和埃及）——几乎是相互独立的——才发生了一系列精神事件，产生了我们今天仍然生活在其中的意识。当时，人们提出了基本的宗教和哲学问题，并给出了至今对我们仍有意义的答案。我们称这一时期为世界历史的轴心时代。在这一时期，中国、印度和西方平行发展。直到公元 1400 年，这三个伟大文明区域的生活方式、技术手段和工作方法仍然相似。之后，技术时代开始。

一场史无前例的历史巨变增强了人们对自然和商品生产的掌控，并通过航运、飞机和无线电将地球连成一体。

我们惊奇地发现：在地球上，在生命经历了漫长的发展岁月之后，在人的此在经历了短暂时间之后，有文字记载的6000年历史仅相当于世界历史的1分钟，从技术时代开始的人类的历史仅相当于几秒钟。

世界历史状况的独特性或许从未像今天这样迫使我们思考：从哪里来？到哪里去？为什么？我们此刻是一切的终结，还是全新条件下的开始？

宇宙层面的历史奇迹

从宇宙视角来看，我们的历史就是一个奇迹。我们的星球位于亿万星系中的一个偏僻角落，这里在稍纵即逝的瞬间发生过的和正在发生的事，在其他地方是否也发生过？或者说，我们是唯一有理性的生命吗？

没有丝毫迹象表明宇宙中存在其他的理性生物。我们认为不言而喻的东西也会被怀疑，这是有充分理由的。地球上对生命至关重要的物理和化学条件，是物质可能状态中一个惊人复杂的组合，其范围非常狭窄，超出这个范围，生命就会立即终止。我不知道能否计算出这种物理条件出现的概率。生命只能出现一次吗？即使生命可以进化很多次，是否总能产生有理性的生命？在人类或类人猿出现之前，生命已经在地球上存在了5亿年。难道我们人类这种理性生物在宇宙中只出现过一次吗？我们对此一无所知。

这是原则上可以知道的事实，但只能通过经验来确定。我们仅仅在观点上来回摇摆。我们还没有得到任何经验。到处都有理性存在，以及它们之间交流的宇宙幻象，这些幻象本身就很宏伟，但不过是虚构的。

我们孤独地生活在一个由无生命物质及其变化、运动、爆炸和形态构成的宇宙中。宇宙不需要我们。令人惊异的是，即使微粒般的地球和我们一起消失，宇宙依然如故。宇宙也不是为我们而存在的。柏拉图、库萨努斯或康德教导我们要看到宇宙本身，而不是与我们相关的被创造物。宇宙不是我们可支配的领域，但也许是我们敬畏的对象。

但是，由于我们只知道这个宇宙的物质部分，所以我们在惊讶和漠不关心之间摇摆。对我们来说，浩瀚的宇宙和渺小的尘世之间的关系可以颠倒过来：我们人类的世界是包罗万象的，由于我们历史的内容而显得宏大。在历史中，对不断变化的宇宙的认识永远包含在我们的思想中，是我们思想的一个组成部分。

历史不是自然事件的延续

我们的历史不是自然史。我们不该将其理解为时间上宇宙和地球演化的延续，也不该将其理解为地球上生命形式的展开。从根本上说，它是另一种历史。大自然的历史，在没有意识的情况下，在漫长的时间中重复着同样的事情，历经了数百万乃至数十亿年。我们的历史发生在相对较短的时间内，每一代人都在改变自己的状态，而生物基础却保持不变。它与行为、传统、有意识的记忆有关。在宇宙和大自然中，我们置身于对我们漠不关心的陌生事物中；在历史中，我们则处于我们自身之中。就好像祖先在呼唤我们，而我们在回应祖先。基于人类固有的天性，我们创造了永不重复的历史现象。

历史学及其局限性

历史意味着我们祖先的行为和创造，是他们把我们带到了我们必然要去的地方。自古以来，人们通过神话和传说来了解自身的历史，自文字发明以来，人们通过记录自己的经历和行为来防止被遗忘。历史学则不同：我们想知道真实发生的事情。因此，我们将自己束缚在仍然存在的现实中，束缚在所谓的资料来源、文件、证人陈述、建筑物、技术成就、诗歌和艺术作品中。只要我们能够正确理解真正的传统，只要我们能够检查证人陈述的正确性，科学就能扩展。

与所有科学一样，历史学也有其局限性。我们的知识向过去和以前未知领域的巨大扩展，产生了一种跨越边界的期望：我们将到达历史的起点。但科学教导我们在神秘面前要谦虚。那些尚未涉足并仅仅通过一些迹象显露出来的时间领域是无边无际的。但是，每一个开端，哪怕是历史上一个新的开端，都会让我们面对一片黑暗，这种黑暗遮蔽了我们对起源的认识。

历史学的局限性在于，我们没有认识到历史的整体性是一个有意义的整体。经验历史学所面对的始终是偶然性。偶然性是它所研究之物的基本事实。

当下的境况及其问题

让我回到我们当下的历史境况。在政治、社会、科学、技术和精神方面都发生了翻天覆地的变化，以至于阿尔弗雷德·韦伯谈到了历史的终结。

未来的历史还是传统意义上的历史吗？精神上的创造力会持续下去，还是仅限于技术层面？信仰会赋予人类生活以意义，还是会被各种迷信所取代？人类是否会进入一种我们几乎认不出自己的新存在模式？西方、印度和中国的创造性思维奇迹将不再被理解吗？核武器会终结人类吗？

或者，恰恰相反，是否最大的机会现在才在人类面前显现？我们是否正在走向世界和平？世界和平是像主权国家通过结盟的方式实现自由一样来实现，还是像强权势力通过恐怖的方式建立世界统治一样来实现？令人惊奇的东西、富有创造力的东西、奇迹是否会像迄今为止的历史一样，带来一种新的人类，将千年的历史蕴含其中？新的信仰能否支撑人类？这些问题都没有答案。

对自我毁灭过程的觉知

我只想指出其中一点：今天，人们普遍意识到了自我毁灭。

人类此在向生产和消费过程的转变导致了商品交换的不断加速。一切都在失去其耐久性：房屋、衣服、家具、储蓄。人不得不活在转瞬即逝的瞬间。节省显得愚蠢。经济学家可能会在采取不恰当的措施来应对不断攀升的通货膨胀时感叹道："这究竟是怎么回事？除了养老金领取者，人们从未像现在这样富足。我认为破坏这种状况是不明智。"

在政治自由的世界里，人们的实际行动正朝着破坏这种自由的方向发展。但有人说：自由是我们宝贵的财产。它从未如此辉煌。我们可以随心所欲地生活。

由此造成的公开欺诈状态被掩盖，但并非没有后果。物质世界耐久性的崩溃侵蚀着人类环境，攻击着人类自身。在婚姻、友谊和职业生活中的忠诚变得可疑。在任何地方都是一样的:持久性终止了，没有什么可以依靠。

在技术塑造地球生命的过程中，传承下来的历史实质正在被消耗殆尽。环境缩小成一台机器。技术时代创造了条件，在这种条件下，以前的一切都不复存在。

心中的信仰无法再用有效的语言表达。心灵变得空虚，世界变得荒凉，或者变成一场无趣的欢乐游行。

人与人之间的关系变得紧张。深蕴心理学完全成了一个朦胧的避难所。科学迷信期待从伪科学中获得救赎。人们认为：只要破除所有的虚构和意识形态，那么迄今为止病态的、异化的人类就会变得健康。并且，健康是最高的幸福和目标。

由此看来，一切毁灭的过程都已被释放。如果我们用今天丰富的精神生活中毫无疑问存在的东西来进行反驳，那么这一点也变得值得怀疑了。虽然各门科学有了重大的发现，但它们不仅因为大量的发现而变得专门化，而且在专门化的过程中，它们自身也被其无法掌握的无限性搞得不知所措。技术仍然超出了人们的期望，然而，也正因如此，人类才面临毁灭。

诗歌以动人的意象说话，然而，它最令人印象深刻的是绝望、反抗和虚无主义。艺术因其多种技巧而变得越来越精致，在它的艺术性中变得越来越完美，然而，它最有力的地方是将人类的面孔抹除。

这难道不是末日之前的生活吗？我们这个时代的生产力不就是焚毁宇宙中独一无二之物——人类——的火焰吗？今天，前所未有的能力是否代表了一种没有未来的生活，在我们意识到这一点的瞬间，发现自己站在了紧闭的大门前？

末日之感催生了现代的末日神话，历史从一开始就包含了这样的结局。它的创造力不过是在注定同时发生的自我毁灭过程中短暂的闪光。但为什么是现在呢？根据H.G.威尔斯的观点，物质、生命过程、认知过程，都是根据它们的本质法则同时走向毁灭的。

关于氛围、观点和思想的叙述已经够多了。如果把它们当作有说服力的认识，它们肯定是没有事实根据的。各种相反的权威说法也存在。但它们同样不能向我们展示一条更幸福的未来之路。

让我们防止陷入对当下的贬低。今天的人们是多么自由，多么具有朴素的尊严啊！在他们走投无路时，拒绝一切虚假的安慰，带着不屈不挠的正直，带着无知的信仰，一门心思做着每天的工作，然后骄傲地死去！做自己的人散发出多么灿烂的光芒啊！

如果我们把历史看作是人类注定要自我毁灭的过程，那么我们就忘记了爱、庄严、人的伟大，以及人所创造的作品的壮美，所有这些都预示着某种战胜一切衰落过程的东西。

历史与责任

整个未来历史的进程完全不确定。自由的微小迹象或许已经是未来的最高可能性？人类不是一直站在十字路口吗？

绝望本身可能包含着一种微弱的猜测，即新的人将战胜灾难。

从哲学的角度来看，我们绝不能屈服于灾难的预言。因为我不知道，我可能希望——就我而言，在我的思想和行为中尽我所能——出于对存在确定性的意识，点燃对抗灾难的灯塔。

但这意味着，审视历史和当下不仅能满足我们的知识，而且能满足我们对人的伟大和卑微以及人性光辉的看法，最重要的是，它涵盖了对未来的责任。

真实要求我们承认过去。但历史也是我们评判的对象，我们要决定追随谁，拒绝什么。我们应当以祖先的高标准为指导，并将其视为我们自己的标准。

我们必须承担祖先的罪责，因为我们必须为此负责。我们无法逃避我们的由来。我们只有从历史赋予的未来中共同决定未来的自由。

在历史的镜子中，我们超越了当下的单纯的狭隘，确立了标准。没有历史，我们就失去了精神呼吸所必需的空气。如果我们掩盖历史，它就会在不知不觉中侵袭我们。那么，我们就会被过去牵着鼻子走。

我们有责任完成我们自己的任务。今天，我们将自己的命运视为人类命运的一部分。我们的任务是找到团结所有人的力量。

但是，人们并不指望也不向往对于生活内容、信仰和生活方式有统一的认识。对这种认识的追求会导致我们看不到适时显露出来的永恒。将所有国家团结在一起的共同整合者只能是某种和平的政治共同体。这个共同体基于在有关民族生存问题上的不断妥协。这需要在和平意愿上达成一致，这意味着，在持久和平所必需的前提条件上达成一致。

哲学应当使我们意识到未来的开放性，并向我们展示人类的每一项努力的局限性，无论它多么辉煌，从而增加我们在每一个新境况下的责任感。

超越历史

但是，起源和目标仍是晦暗不明的。当历史压得我们喘不过气来的时候，它不会给我们带来和平。我们希望在历史之外找到一个地方，让我们能够生活在历史之中。

只要我们回归自我，探究事物的本质，历史就不再是我们的牢笼。它只是我们通过自己的所作所为和亲身经历来了解实际情况的一个不可回避的阶段。

但是，如果我们脱离历史，我们就会陷入虚无。没有我们在历史中的存在，我们就不知道什么是本真。没有历史，我们就没有语言，来间接地告诉我们从何而来，并借以维持我们的生存。

我们无法脱离历史，但只要突破历史，历史就会从别处散发出光亮。这就好像在时间的表象中，跨越时间，体验到了永恒的当下。

第9讲

根本知识

回顾与新的问题

在宇宙和历史中，我们不断扩大自己的知识范围。我们仿佛迷失在宇宙和历史现实的无限性之中。面对二者，我们意识到我们的此在微不足道。

那么宇宙呢？它沉默无声。它意识到自己了吗？在它的沉默中，我找不到它意识到自己的丝毫迹象。但我们意识到了它。我们是非凡的存在，我们意识到了宇宙这至大无外之物，并且可以探索它。我们作为人类的虚无感转向了反面。

如果我们对宇宙一无所知，那宇宙岂不是如同不存在？这听起来很荒谬，但我们不禁要问：一个对自己一无所知、不为任何人所知的存在会是什么样子？它是否仅仅是一种被知晓的可能性？它仿佛是某种在等待出现一个能够感知它的存在面前的东西？宇宙中，微不足道的我们岂不是那接收世界显现的眼睛？

我们的历史呢？在它面前，我们意识到自己作为个体的渺小，但这是另一种意义上的意识。我们了解人们曾经经历过什么、做过什么、创造过什么。我们了解得越多，了解得越透彻，我们就越能在一个不会压倒我们的无限性面前看到自己。这个无限性接纳了我们。我们的理解让我们接近至大之物。我们对这个至大之物所做的永远不够，尽管我们渺小，但我们与它同在，并从它那里得到回应。

那么，我们又是什么，是这些在世界中看到、知道、理解的眼睛吗？作为理性存在是我们唯一知道的栖居地。在我们的对象化思考中、在我们的理解中、在我们的行为和创造中、在我们每一种经验形式中，这一栖居地被揭示。

但现在更进一步：我们不仅是意识，而且是自我意识。不仅存在得以显现，而且这种显现也向自身显现。

我们完成了一次飞跃：从对象性认识飞跃到对我们由此完成和体验的非对象性的自我意识。

从世界知识的角度来看，我们通过这种飞跃所达到的立足点毫无意义。但从哲学问题的角度来看，是建立一种新的存在意识的可能性。我们称之为“根本知识”。

发展这一根本知识就意味着跳出自己的影子。让我们试一试！

出发点：主-客体分裂

每当我们思考时，我们都是作为“我”指向“物”，作为“主体”指向“客体”。这种关系是独一无二的，是世界上任何其他关系都无法比拟的。“我”意味着对象。我们思考得越清楚，这种意图就越坚决。这就是清醒。

这是我们每时每刻都不言而喻的事实，却很少有人去思考。我们越思考它，它就会变得越来越惊人。

我们如何认识对象？通过理解它并以理解它的方式处理它，通过处理有形的对象，通过对想象中的对象进行思考。

对象是如何来到我们身边的？对象是如何到达我们这里的？

通过我们切身感受到它的影响，通过我们在它向我们呈现的时候抓住它，通过我们把它作为一种对我们有说服力的思想结构来产生。

对象本身在那里吗？我们的意思是，它是某种存在的东西，我们来到它面前。我们称之为某物、某情况、某对象。但对我们来说，它是其显现的样子。因为我们在那里，所以对象如它所是的样子。

我们是作为主体本身在那里寻找呈现在我们面前的还是我们遇到的对象？但在我们寻找之前，客体必须始终在那里；因为只有当我们同时指向客体时，我们才会意识到自己。没有对象就没有我，没有我就没有对象。换句话说也是一样：没有客体就没有主体，没有主体就没有客体。

但是，如果它们并非互不相属，那么它们又是如何相互归属的呢？如果它们彼此不可分离，那么是什么统一体把它们结合在一起？在这个统一体中，二者是分离的，以至于主体指向客体？

我们称其为统摄，即主体和客体的整体，但它既不是主体，也不是客体。

主-客体分裂是我们存在的基本结构。正是在这种分裂中，无法把握的无限内容首先获得了它的虚幻性。一切都必须发生在主-客体分裂的把握之中。

但我们不能把统摄视为对象，因为那样它就成了对象。如果我们要想它，我们就必须放弃我们在我们面前的对象中拥有的基础，即对象的意义。因此，我们要寻找另一种既非对象也非主体的基础。

为了达到这个目的，我们要进行所谓的基本哲学操作。这不是一种研究方法。有了它，我们就了解了一些事情。它在思维图式中的语言交流只是提供了一种指导。它们不能被用来识别某些东西，但有了它们，我们就能清楚地了解存在的显现方式。

哲学的基本运作

就像这样：如果“是”既不是对象，也不是主体，既不是物，也不是我，而是在分裂中显现自身的统摄，那么在分裂中出现的一切都是表象。对于我们来说，“是什么”就是表象，是主-客体分裂中统摄的光辉。我们所感知的是其在空间和时间中的感性现实；我们所思考的是可思考的形式。因此，对我而言，它不在自身之中，而在分裂之中。

我们的“世界”并不是与另一个真实世界相对的表象世界。世界只有一个。

但问题在于，在主-客体分裂中被体验到的这个世界是否已经是存在本身，这个存在是否就是这个可知的世界之外的任何东西。

答案是：世界不是表象，而是现实。但这个现实是表象。作为一种表象，它被现实所承载，被所统摄的东西所承载，而现实本身作为一个可探索的对象并不作为现实出现在世界的任何地方。

统摄的各种方式

主-客体分裂的统摄模式不止一种。让我们来简单了解一下这种多重性。

例如，我们听说颜色不是客观存在的，而是电磁波对感觉器官的影响产生的主观现象。只有电磁波才是客观的，世界本身是无色无光的。但事实并非如此！如果作为物理学对象的物质本身就是存在的，这是客观的，而不仅仅是一种表象。这是完全不同的。

对于感性存在的主体来说，色彩是绝对客观的。物理和生物认知确实显示了色彩作为现实出现的条件。但是，色彩绝不是无色的波浪所能解释的。例如，有迹象表明：波长的线性序列是更大的电磁波序列中的一小部分，它并不对应于颜色的线性序列，而是一个向自身靠拢的色环。色彩有其客观性，我们可以不考虑色彩发生的物理条件，只对其本身进行研究。色彩的客观性统摄了生命存在的主观性，两者兼而有之。

所有生物都是如此。正如我们在第一讲中所学到的，生命不能被理解为有生命的物质、有生命的躯体。相反，它是一个由内心世界和外部环境组成的整体，每一个都有其特定的形式。无论谁创造了生命，他都必须创造一个包含内在世界和外部环境的世界。

我们称生命为存在。我们人类是这种生命存在的一种方式，是生命的一种形式。这种统摄的方式，即有生命的存在，对自身一无所知。我们之所以知道这一点，是因为我们人类也是另一种统摄方式：面向对象的思考和自我思考。这种统摄不仅是存在多样性的意识，也是正确或虚假的意识，虚假的主观意识是无穷无尽的多重意识，而正确的客观意识只有一个，它包含了所有可思考和可能的事物，任何单一的意识都无法触及它本身。因此，我们称之为一般意识。

客观色彩和色调与存在的感性之间的关系，可以比作主观思维与客观思维之间的关系。思维在命题——范畴中进行，并与思维相遇。我们说某物是原因、物质、现实性。这些范畴首先是由意识主体产生的，同时也是客观范畴，对我们来说，所有可认知的事物都在其中。范畴学说作为关于我们思维的命题形式的学说，同时也是关于发生在我们身上的事物本身的形式的学说。总的来说，意识的统摄把客观的思维陈述结合在一起，而其本身并不是主体和对象。

我们不仅是有生命的存在和一般意识。我们是创造形象和形状的“精神”。精神的客观性在我们主观想象的牺牲观中显现出来。两者缺一不可。

最后，我们是作为可能存在的自由。存在在其自由中认识到自身与超越的关系，通过超越，存在被赋予自身。我们存在的现实性是自我在时间中的自我成为。它存在于我们的爱中，它以良知的方式诉说，它以理性的方式联系。

作为存在我们是自我主张的个体存在的多重性。作为一般意识，我们是一般意义上的思想主体，或多或少地存在于我们的多重存在主体性之中。作为精神，我们是通过我们的创造来到我们身边的形式领域中的幻影。作为存在，我们是与超越、与事物的基础相关的自我成为的自我。

当我说我们是活生生的存在、一般意识、精神和存在时，我并不是说我们是这些原始方式的集合体。在我们身上，它们相互渗透，相互服务，相互斗争。

统摄的方式是如何为首先赋予它们力量的存在服务的？或者相反，它们又是如何朝着孤立的存在诉求独立性的，朝着已经想要成为真理本身的一般意识的正确性的，朝着以其非承诺性而令人着迷的精神世界爆发的？这就是统摄的方式的表象中永无休止的斗争。

对于哲学上发展起来的根本知识，我们在此只能提及而不能展开，它通过我们自我意识的亮度释放空间，而我们的自我意识则在其中构建自身。它将我们从局限中解放出来。媒介变得透明，我们在其中成为真实的存在。

通过根本知识改变内在倾向

我回到起点，根本知识通过基本的哲学运作，使我们意识到我们的时间现实的显现。这对我们的内在条件产生了影响。

现实是表象，但不是现实本身。我们被抛入这个现实世界，在这个世界里，我们用一般的科学知识来确定自己的方向，却无法超越这个世界。只有哲学的洞察力才能将我们从这个世界的禁锢中解放出来。

这种哲学洞察力的第一步就是对自我认识产生惊奇：我们作为主体面向对象，我们的一切光明都在于这种划分，这究竟是什么，意味着什么。从这种对每时每刻都在发生的事情的好奇，对迄今为止自我理解的、不曾被质疑的事情的好奇，对以前甚至没有意识到的事情的好奇，问题还在继续：

这种在表象世界中的生活是否就像从睡梦中醒来，从无法想象的无意识的黑暗中醒来？这是唯一的光明吗？或者说，这种主–

客体分裂的生活是梦中的生活吗？这种光明实际上是对实际存在和我自己的遮蔽吗？答案不是由知识给出的，而是由决定给出的，虽然听起来很奇怪。

我想让现实世界与我平等吗？我只想承受而不想卷入其中吗？我想什么都不负责吗？我想活得像个无名小卒吗？

还是说，我想通过我的现实生活、我的责任和认知，在这个表象世界中获得光明，期望它对我们来说是通往表象之外其他地方的任何可能的光明的必经之路？那么，表象对我们来说就是表象，生活不是梦。但我们并没有失去这样一种洞察力，即我们的整个有限认知总是同时处于一种偏颇的状态。问题是：我们在思考的时候，能否在我们的认知之外找到一个地方，从那里可以将我们的认知视为一个整体？从那里，我并不能获得新的知识和新的世界目标，但从那里，我可以改变我的存在意识，从而改变我自己。

面对这些问题，我们只能认识到我们内心长期以来作为现实存在的东西，但由于我们对现实表象的偏见，我们还没有想到这些东西。

对第二现实的徒劳寻找

在洞察到存在的显现之后，我们已经通过我们的存在意识，突破了主-客体分裂的禁锢。但由于认识到了这一点，我们仍然被困在牢笼之中。我们的偏见消失了，但我们的囚禁却没有消失。一道曙光照亮了我们，在这道曙光中，一切都发生了变化，但并没有出现其他的现实。但是，我们的感性认识可以达到这样的现实。我们不仅希望看透主-客体分裂，而且希望在主-客体分裂之外获得立足点。但有两条路我们走不通。

第一条道路通向世界之外。与本体的神秘结合的体验是不可否认的。但是，对于从这种体验回到这个普通世界的人来说，这些体验是不可交流的。对它们的解释是多重的，也是值得商榷的。尽管有大量的图解，但只有亲身经历过的人才能理解。在“无意识”或“超意识”的统一体的直接性中，物和我都消失了。所有关于事物和我自己的意识都被消解了。主-客体分裂不复存在。从我们的角度来看，这是一种例外状态，体验者从这种状态中返回，似乎带来了某种东西，好像是知识。他不知所措，仿佛得到了最后的启蒙。但是，在我们的意识语言这一媒介中（它将我们所有人联系在一起），那些似乎是一切的体验却什么也不是。因此，我们不能援引它。

那些没有被剥夺过真正的神秘体验的人只知道，实际上在这个世界上，神秘体验对他们来说也是没有后果的。

在第二条道路上，一个超脱凡俗的、另一个本应真实存在的世界成为了对象。它出现在肉身的幻象中。它们征服了被它们抓住的人。它们成为理性形成的实体。在精神病患者中，这种超感官幻觉是真实而原始的体验。其他人只能通过倾听和发挥想象，用“正常意识”来理解它们。

谁无法忍受暗码的浮动语言，谁无法忍受命运的冲击，谁就会在这种超自然的知识中获得自由，谁无法承受命运的震撼，谁就会从超自然知识的自由中解脱出来，从边缘处境中解脱出来，从约伯的疑问中解脱出来。他手中握有一些东西，但代价是真理的丧失。在这里，我们看到了欺骗、自欺和诱惑。神秘主义和幻象帮不了我们。只有在主-客体分裂的过程中，我们才能通过觉悟的光辉，在其中，通过觉悟我们才能确定自己的存在。这样，我们既不会落入对象，也不会落入主体，而是活在统摄之中。

哲学思考的多重路径

我们之前所讲表明，哲学思考不是单一的。

当我们谈论宇宙和历史时，我们试图达到极限。极限本身具有吸引人的力量，因此，知识本身似乎只是为了体验这些极限而发生的。这是一种哲学方法。只要研究者本身被这种动力所驱动，以便在它的指引下更精确地渗透到具体可知的事物中，这就是科学中的哲学。在今天的讲座中，我们需要一种完全不同的方法：我们不是从世界中的对象出发，而是从当下出发：我们要确定我们是如何在这个世界中发现自己的。只有当它出现在“我”与“对象”的分裂中，并在主-客体分裂中意识到自己是对象时，它才是统摄的。对于被对象所束缚的科学知识来说，这种保证算不了什么。它带来的不是知识，而是我们对存在的意识。智力不可能飞跃至此。他与心灵一起超越心灵，却又不失去心灵。

这是一种不同的思想体验。在当下的思维中，一个本身并不具体的事物变得存在。我们获得了一个空间，在这个空间中，不再有对某一事物的认识。我们进入了一个视野，当我们在这个视野中移动时，世界上不再有以前未知的东西。

这是一种思考，我们的世界因此可以进入一种来自别处的光亮。在没有深度维度的情况下，我们的世界仅仅是一个存在，而我们的世界却从那里被打开了。

第10讲

统摄

我想向大家介绍一个最难理解的基本哲学思想。这种思想是不可或缺的，因为它确立了所有真正哲学思想的意义。即使是最简单的形式，它也必须是可以理解的，尽管对它的阐述是一项复杂的工作。我将试着解释。

哲学始于一个问题：什么是存在？存在有很多种，世界上的事物，无生命和有生命的形式，无穷无尽的事物，来来往往的一切。但是，什么才是真正的存在，即维系万物、支撑万物、万物从中产生的存在？

对此，答案千奇百怪。令人肃然起敬的是，最早的哲学家泰勒斯给出了最早的答案：万物皆水，源于水。后来又有人说，万物从根本上说是火，是空气，是不确定的东西，是物质，是原子。

或者说，生命是第一存在物，一切无生命的东西都仅仅是由生命退化而来的，或者说，精神是万物的表象，是它的观念，是它如梦如幻地提出来的。因此，我们可以看到一系列被称为唯物主义（一切都是物质和自然的机械过程）、唯灵论（一切都是精神）、万物有生论（一切都是活的有灵魂的物质）和其他方面的世界观。在所有情况下，对“什么是真正的存在”这一问题的回答都是指世界上存在的一种存在，它应该具有其他一切都来自它的特殊性。

但是哪种观点是正确的呢？几千年来，学派间的论争始终无法证明其中任何一个学派的观点是正确的。在每一种观点中都表现出某种真理，即一种态度和一种探究的方法，教导人们看清世界上的某些事物。但是，当每一种观点都声称自己是唯一正确的，并试图解释一切存在之物时，它就错了。

为什么会这样呢？所有这些观点都有一个共同点：它们把“存在”看作是面对我这个客体的东西，我作为面对我这个客体而被指向它，也就是“存在”。我们意识存在的这一原始现象对我们来说是如此不言而喻，以至于我们几乎无法追寻它的谜底，因为我们甚至没有质疑过它。我们所思考的，我们所谈论的，永远都不是我们自己，而是我们作为主体，作为对立面——客体——所指向的东西。当我们把自己作为思考的客体时，我们自己就成了“他者”，同时又总是作为一个思考的自我而存在。我本身不能被充分地视为一个客体，因为它始终是每一个成为客体的先决条件。我们把这种思维存在的基本发现称为“主–客体分裂”。当我们清醒并有意识时，我们一直处于这种分裂之中。我们可以随心所欲地在思维中转来转去，在这种分裂中，我们总是指向客观事物，无论这个客观事物是我们感官知觉的现实，还是对理想客体（如数字和图形）的思考，抑或是幻想的内容，甚至是对不可能的想象。作为我们意识内容的客体总是外在于我们或内在于我们的。用叔本华的话说，没有主体就没有客体，没有客体就没有主体。

这种主–客体分裂的奥秘每时每刻都存在，它意味着什么？显然，作为一个整体的存在既不是客体，也不是主体，而必须是在这种分裂中出现的"统摄"。

现在，绝对的存在显然不能成为客体。对我来说，成为客体的一切事物都是从统摄中接近我的，而我作为主体也是从统摄中接近我的。客体是自我的某种存在。对于我的意识来说，统摄仍然是黑暗的。只有通过客体，它才是明亮的，而且客体越有意识、越清晰，它就越明亮。统摄本身并不成为客体，但它在自我与客体的分裂中出现。它本身仍然是背景，在表象中无限地照亮自己，但它始终是统摄。

现在，在所有思维中还有第二种划分。每一个确定的客体，如果被清晰思维，总是与其他客体相关联。确定性意味着一个与另一个的区别。即使我思维一般存在，我也思维了作为其反面的虚无。

因此，每一个客体、每一个构想的内容、每一个客体都处于双重分裂之中。它首先是相对于我这个思维主体而言的，其次才是相对于其他客体而言的。作为思维内容，它永远不可能是一切，永远不可能是存在的全部，永远不可能是存在本身。每一个被思维者都意味着从统摄中被抽离出来。它是与我和其他客体相对立的特殊事物。

“统摄”始终只是在被思维者中被预告。它自身并不显现，但其余一切都在其中向我们显现。

这种保证意味着什么？

这种想法是不自然的，是以我们对事物的惯性思维来衡量的。我们的面向世界的实际的理性是紧张的。

我们让自己的思维超越一切思维的基本操作也许并不困难，却如此奇特，因为它并不意味着实现一个新的客体，然后让它变得有形，而是希望借助思维，实现我们对存在的意识的转变。

因为思想并没有向我们展示新的客体，所以从我们习惯的世界知识的意义上来说，它是空洞的。但通过它的形式，它为我们开启了存在表象的无限可能性，同时也使一切存在变得透明。它唤醒了我们从表象中聆听实际存在的能力，从而改变了对我们来说的客体性的意义。

让我们再次尝试阐明统摄。

从统摄进行哲学思考，就意味着要深入存在本身。这只能是间接的。因为在说话时，我们是在客体中思考的。通过客观思考，我们必须获得统摄的非客观指向。

我们刚才的思考就是一个例子：主–客体分裂，我们始终置身其中，我们无法从外部看到它，我们通过表达它使之成为客体，但又不足以成为客体。因为这种分裂是世界上作为客体与我对立的事物之间的关系。这种关系成为一种形象，以表达不可见的、甚至不具有客体性的东西。

我们知道，这种主-客体分裂，在形象思维上进一步脱离了原本的存在，其本身具有多重意义。无论我是作为理性指向客体，还是作为生命存在指向我的环境，抑或作为存在指向神，这本来就是不同的。

作为知性，我们面对着可知的事物，并尽可能地对它们、对某些客体拥有令人信服的、普遍有效的知识。

作为环境中存在的生命体，我们受到感官体验的事物的影响，这些事物在我们的体验中成为真实的当下，并没有融入任何一般知识。

无论是我们的理智还是我们的生命感性，都无法把握这种暗码存在的真实性。

因此，如果我们要确定这种统摄，它很快就会将自身划分为几种被涵盖的方式，于是就按照主客观划分的三种方式进行了划分：第一种是作为一般意识的理解，我们都是相同的；第二种是活生生的存在，我们每个人都是特殊的个体；第三种是存在，我们实际上就是我们自己的历史性。

我无法简述这种确定的展开。我只能说，被思维为存在本身的统摄是我们自身：此在、一般意识、精神和存在。

一旦我们用基本的哲学操作松开了束缚我们与客体以及假定的存在本身的羁绊，我们就理解了神秘主义的含义。数千年来，中国、印度和西方的哲学家们表达了一些在任何地方、任何时代都是相同的东西，尽管它的传播方式是多种多样的：人能够超越主-客体分裂，完全成为主体和客体的一体，所有的客观性都消失了，灭亡了。在那里，实际的存在敞开了怀抱，留下了最深刻的、取之不尽的意义的意识。然而，对于体验者来说，这种合二为一是真正的觉醒，是主-客体分裂中的意识觉醒，而不是睡眠。

在我们对于统摄的哲学确信的基础上，我们也能更好地理解千百年来哲学家们关于火、关于物质、关于精神、关于世界进程的伟大教诲。因为他们并不是如惯常的理解那样，是关于客体的知识，从而是错误的。毋宁说它们只是一种存在的暗码书写，是哲学家们从统摄的存在中为照亮自己和存在而设计的，但很快地，就被错误地当做了存在就是关于某个具体客体的学说。

当我们在世界的表象中移动时，我们会意识到，我们的存在本身既不在不断缩小的客体中，也不在作为表象整体的我们不断受限的世界的地平线中，而只在超越一切客体和地平线的统摄中。

它超越了所有客体和视野，超越了主–客体分裂。

当我们通过哲学的基本运作意识到统摄时，开头列出的那些形而上学者，所有那些所谓的对存在的认识，只要他们想把世界上的任何存在（无论多么伟大和本质）当作存在本身，就会立即消失。但是，如果我们超越客体、思想、世界视野中的一切存在，超越一切表象，去观察存在本身，它们就是我们唯一可能的语言。

因为除了在可交流的神秘主义中，我们无法通过离开世界来达到这一目标。只有在清晰的、当下的知识中，我们的意识才能保持明亮。只有在其中，我们的意识才能通过在界限处可以感受到的东西，在对界限的体验中找到自己的内容。在超越边界的思考中，我们总是同时置身于边界之中。通过使表象对我们透明，我们始终对它着迷。

通过形而上学我们听到了超验的统摄。我们将这种形而上学理解为暗码写作。

但是，如果我们陷入对这些思想不置可否的审美享受中，就会错过它们的意义。因为只有当我们听到现实的声音时，这些思想的内容才会显现出来。而我们只能从我们存在的现实中听到，而不是从单纯的理智中听到。

但是，我们更不能把现实的“暗码”误认为是身体的现实，就像我们抓住、处理和消费的东西一样。把客体本身当作现实存在，这是所有教条主义的本质。而把作为物质实体的符号视为现实，尤其是迷信的本质。因为迷信是对客体的执着，而信仰则是统摄客体的基础。

现在是统摄的保证在方法论上的最后一个结果：意识到我们的哲学思维是残缺不全的。

如果我们在哲学阐释中考虑统摄，我们就会把本质上不是客体的东西变成客体。因此，有必要不断保留，以消除作为客观内容所说的东西，从而将统摄的本质性的东西把握住。这不是作为可诉说的内容的研究结论，而是我们意识的一种态度。不是我的知识，而是我的自我意识变得不同了。

但这正是所有实际哲学的基本特征。正是在客观确定的思考中，也只有在客观确定的思考中，人类才会上升到统摄的境界。它使我们意识到我们存在于存在本身的理由，意识到 存在的指引，意识到我们生活和活动的基本方向和意义。它把我们从明确思想的束缚中解放出来，不是抛弃它，而是把它推向极致。他在一般哲学思想中留出了空间，以便在我们的当下实现它。

要使存在成为我们的存在，一个条件是，主体与客体之分中的存在也要通过经验成为灵魂的存在。因此，我们有一种追求清晰的冲动。一切只是暗暗存在的东西，都应该以其当下的形式，从满足自我的本质出发去把握。存在本身、统摄、无条件的存在，也想以客观性的形式呈现在我们眼前，尽管这种形式，由于其作为客观性的不充分性，会再次自我毁灭，并在毁灭中留下统摄之存在的纯粹清晰性。

对主–客体分裂的意识是我们思维着的此在的基本事实和统摄，此在在统摄中现身，首先带给我们哲学的自由。

思想将我们从每一个存在中解放出来。它迫使我们从每一个固化的死胡同中回头。这是一种能让我们转过身来的思想。

对于那些支持虚无主义的人来说，事物和表象认识论绝对性的丧失被称为“虚无主义”。对于通过语言和客观性获得确定性从而获得有限性的一切事物而言，作为现实和真理的排他性主张也随之消失。

我们的哲学思考通过这种虚无主义，而这种虚无主义则是对实际存在的解放。通过我们的存在在哲学中的重生，所有有限事物的有限意义和价值被唤醒，通过它们的途径的不可能性变得确定无疑，但同时也获得了只有自由地处理这些事物才有可能的基础。

从虚幻的实体中坠落，变成了漂浮——看似深渊的地方变成了自由的空间——表面上的虚无变成了真正的存在向我们说话的地方。

第11讲

无条件的要求

无条件的行动发生在爱中，发生在斗争中，发生在承担崇高的任务中。但无条件行动的特点在于，行动是基于某种事物，而整个生活是有条件的，而不是终极的。

当我们遵从无条件的要求时，此在就如同“理念”“爱”和“忠诚”的材料。它被赋予了永恒的意义，就像被吞噬了一样，而不是被释放到纯粹生活的任意性中。只有在边界处，在特殊情况下，无条件的承诺才会导致生存的丧失，导致接受不可避免的死亡，而有条件的承诺则在任何时候、以任何代价都希望继续存在，希望活下去。

例如，人们为了世界上的某种共同生活而冒着生命危险进行共同的斗争。团结是当时的终极条件。

这种情况最初发生在信任的群体中，但后来往往也发生在一个被信仰的权威的令人振奋的命令下，因此对这个权威的信仰成为无条件性的源泉。这种信仰将人们从不确定性中解放出来，使他们不必审视自己。然而，在这个人物的无条件性中，隐藏着一个秘密条件，即权威的成功。信徒希望通过顺从来生活。当权威不再是一种成功的力量，对它的信仰也随之瓦解时，一种毁灭性的空虚感便油然而生。

因此，对这种空虚的拯救只能是要求人类自身作为一个个体，在自由中获得其真正的存在和做出决定的理由。

这种情况在历史上曾发生过，当个人为了服从绝对的命令而牺牲自己的生命时：他们保持忠诚，而不忠诚会毁掉一切，通过不忠诚而得救的生命会被毒害，对永恒存在的背叛会使得救的生命变得悲惨。

最纯粹的人物或许是苏格拉底。他从无知的怀抱中解放出来，活在理性的光辉中，他坚定不移地走自己的路，不为愤慨、仇恨和固执的激情所动；他没有做出任何让步，拒绝利用逃跑的机会，而是勇敢地为自己的信仰而死。

很少有哲学家，在不坚定地忠于某个信仰共同体的情况下，实践“进行哲学思考就是学习如何死亡。”这句格言。塞涅卡在很多年里一直在等待死刑判决，但他越过了自救的努力，最终既没有在不值得的行动中自暴自弃，也没有在尼禄要求处死他时失去冷静。波爱修无辜地被野蛮人处决，他在明亮的意识中进行哲学思考，转向真正的存在。布鲁诺克服了自己的疑虑与屈服，下定决心不带任何目的地坚持至高决定，即使这意味着死在火刑柱上。

塞涅卡、波爱修、布鲁诺和我们一样，都是有弱点、有失败的人。他们必须战胜自己。这也是他们可以为我们指明方向的原因。人作为人所具有的无条件性给了我们真正的鼓励，而想象只能提供空洞的启迪。

我们回顾了死亡的历史实例。现在，让我们试着阐明无条件要求的实质。

对于“我应该做什么”这个问题，我的答案是：确定有限的目的及其手段。要是必须获得食物，这就需要工作。我要在社区中与人相处，谨慎的规则给了我指示。每一次，一个目的都是适用于这一目的的手段的前提条件。

但是，这些目的之所以适用，要么是存在的毋庸置疑的利益，要么是有用性。但存在本身并不是最终目的，因为问题仍然是：

什么样的存在？还有一个问题：为了什么（而存在）？

或者说，要求的理由是我必须服从的权威，要么是外来的“我要这样做”的命令，要么是“书上就是这样写的”的命令。但这种权威仍然是不容置疑的，因此也是不受制约的。

所有这些要求都是有条件的。因为它们使我依赖于他人，依赖于存在的目的或权威。而无条件的要求则源于我自身。有条件的要求是作为一种作为我可以从外部要求自己的特定确定性。而无条件的要求则来自我，因为它们通过不仅仅是我自身的东西向内承载着我。

无条件的要求作为我真正的存在的要求接近我。我通过应然意识到我的实然。这种内在的东西开始时是晦暗的，但在我无条件的行为中得到显明。一旦这种内在在无条件中完成，质问则在存在感的确定性中停止，即使这些质问很快又会在时间中出现，并在变化的情境中重新获得其确定性。

这种无条件性先于一切目的性，是目的的设定者。因此，无条件的东西不是被欲求的东西，而是欲求的来源。

因此，作为行动理由的无条件不是知识问题，而是信念的内容。只要我认识到我行动的理由和目标，我就仍然处于有限和有条件的状态。只有当我的行为不再具有客体化的可证明性时，我的行为才是无条件的。

让我们用几个命题来描述无条件性的含义：

第一，无条件性意味着一种抉择，一种通过从难以理解的深度进行沉思而变得澄明的抉择，这一抉择与我是统一的。这又是什么意思呢?

无条件性意味着参与永恒，参与存在。因此，它产生了绝对的可靠性和忠实性。这并不来自本性，而是来自我们的抉择。只有通过反思的产物——澄明，才能形成抉择。从心理学角度来讲，无条件性并不在于一个人的瞬间状态。尽管人的瞬间活动能量巨大，但这种存在会突然松懈下来，显示出自己的漠然和不可改变。无条件性也不在于先天的性格，因为这可以在重生中改变。无条件性也不存在于神话中所说的人的心魔，因为这种心魔没有忠诚。所有激情、生存意志和自我主张的方式，尽管至高无上，但在当下都不是无条件的，而是有条件的，因此也是徒劳的。

因此，无条件性只存在于经过沉思的存在抉择中。这意味着：无条件性不是出于某一种存在，而是出自不能不这么做的自由，这种“不得不”不是因为自然法则性，而是出自其超越的基础。

无条件性决定了一个人的生命最终依靠什么，是有分量还是虚无。无条件性是隐蔽的，只有在边缘的情况下，它才会以无声的抉择指引人生的道路，它永远无法被真正证实，而事实上，它总是承载着生命的存在，并能被照亮到无限。

就像树木高耸入云时会向深处生长一样，完整的人也会深深地扎根于无条件之中；其他人就像灌木一样，可以被连根拔起，重新栽种，使其变得平等，并在群体中保持坚不可摧。但这种比较是不够的，因为在无条件中的基础不是通过增加，而是通过跃入另一个维度来把握的。

第二，无条件性实际上根植于它所依据的信仰中。

无条件的东西是无法证明的，无法证明它存在于这个世界上——历史证明只是一种暗示。我们所知道的总是有条件的。我们在无条件性中充斥的东西，与可证明的东西相比，就像不存在一样。已证明的无条件性只是一种强大的力量、一种狂热、一种野性或一种疯狂。在是否存在实际的无条件性这个问题上，持怀疑态度的拒绝在世界上具有普遍的说服力。

例如，是否存在无条件的、植根于永恒基础的爱，而不仅仅是人类的倾向和迷恋、习惯和对契约的忠诚，这一点令人怀疑。在爱的斗争中是否可能有真正的交流，这一点可以否认。能够表现出来的并不一定如此。

第三，无条件性在时间上是永恒的。

人的无条件性并不像他的存在那样是天赋的。人的无条件性是逐渐唤醒的。只有当人克服了困难，走到无条件的抉择变得坚定不移的道路上时，它才会出现。另一方面，从一开始就存在的终极性、抽象的灵魂不灭性、单纯的永恒性并不能使人的无条件性变得可信。

无条件性在临界境况的体验中和对自己不忠的危险中变得明显。

但是，无条件本身并不完全是时间性的。在它是时间性的地方，它同时间交互。在它被获得的地方，在每一个新的时刻，它仍然是作为存在的永恒的原初，就好像通过不断重复的重生。因此，当时间的发展似乎导致了占有，然而在一瞬间，一切都可能被出卖。反之，当人的过去似乎给他带来负担，使他成为无尽条件下的纯粹存在，以至于毁灭时，他仍然可以在每一时刻通过突然意识到无条件而重新开始。

无条件性的含义已被这些解释所限定，但其内容尚未确定。只有在善与恶的对立中，它才会变得显而易见。

在无条件中，人做出了选择。抉择已成为人的本质。在善与恶的抉择中，他选择了他所理解的善。

善与恶可以从三个层面进行区分：

第一个层面，恶就是直接而无节制地屈服于情欲和感官冲动，屈服于世上的快乐和幸福，屈服于经验主义的存在。简而言之，恶指的是将人的生活局限于有条件之中，像动物一样日复一日地得过且过，在动荡的变化中生活——一种没有抉择的生活。

与之相反，善是指人在生活上虽然不拒绝世上的快乐，但要使其遵从道德允许的、被视为正当行为的普遍法则。这种道德允许是无条件的。

第二个层面，与屈服于天性的单纯的软弱不同，真正的恶是颠倒善恶。正如康德所理解的那样，即只有当善不会给我带来伤害或使我付出过多代价时，我才去行善。抽象地说，只有在不给我带来伤害或不使我付出过多代价的情况下，我才会行善；道德要求的无条件性确实是想要的，但在服从善的法则时，只有在不间断地满足幸福的感性需求的条件下，才有可能遵循它；只有在这种条件下，而不是无条件地，我才想行善。可以说，这种虚幻的善是一种奢侈的幸福条件，在这种条件下，我才有能力去做好人。在道德要求与我的生存利益发生冲突的情况下，根据这种利益的大小，我可能会不自觉地准备犯下任何暴行。由于我的有利处境使我免于上述冲突，我允许用我的恶来欺骗我自己。

而善则是对这种条件关系的逆转，是无条件的服从于生存幸福的条件，从而回归到实际的无条件性。这就是从动机不纯的不断自欺到无条件的严肃。

第三个层面，只有“恶的意志”才被视为“恶”，也就是“毁灭的意志”，“折磨”“残忍”“毁灭”的动力，“毁灭一切存在的和有价值的东西的虚无主义意志”。

而善则是无条件的，是爱，因而也是致力于现实的意志。

让我们比较一下这三个层面：

在第一个层面上，善恶之间的关系是道德关系：意志控制直接冲动，遵循道德法则。用康德的话说，义务与偏好相对立。

第二个层面是伦理关系：动机的真实性。无条件的纯洁性与有条件关系颠倒的不纯洁性相对立，在有条件的关系中，无条件性事实上成为有条件的依赖。

第三层是形而上的关系：动机的本质。爱与恨对立。爱指向存在，恨指向非存在。爱在超越的参照中成长，恨在脱离超越的过程中沉沦到自私的地步。爱是无声的成长的世界。恨则是一场轰轰烈烈的灾难，它熄灭了此在，也毁灭了存在本身。

每一次都会有新的选择出现，同时也会有做出抉择的要求。人只有体会到其本质时，才能选择其中之一。他追随倾向或责任，他站在动机的变态或纯洁中，他出于仇恨或出于爱而生活。但他可以暂缓做出抉择。由于无法做出抉择，我们在生活中摇摆不定，踉踉跄跄，将一种与另一种结合在一起，甚至认为这是一种必然的矛盾。甚至这种犹豫不决也是邪恶的。人只有在区分善恶时才会觉醒。当他决定了自己的行动方向时，他才成为了他自己。我们都必须不断地从优柔寡断中重新找回自己。我们无法为了善而完善自己，甚至我们存在的诱人倾向的力量也是履行职责所不可或缺的；当我们真正爱的时候，我们不能不恨，也就是威胁所爱之人的东西。当我们坚信自己的动机是纯洁的时候，我们恰恰陷入了不纯洁的转变之中。

在这三个层次中，每个层次的抉择都有自己的特点。在道德上，人认为自己的抉择是正确的，从而为自己的抉择辩护。在伦理上，他通过善意的重生从逆转中恢复自我。在形而上学上，他意识到自己被赋予了爱的能力。他知道如何去爱。他选择正确的事情，在他的理由中变得真实，因爱而活。只有在这三者的统一中，才能实现无条件性。

因爱而活似乎还包括其他一切。真正的爱也使其行为的道德真实性变得确定无疑。所以奥古斯丁说：爱并做你想做的事。但是，我们人类不可能仅仅依靠爱这种第三个层面的力量来生活，因为我们会不断地陷入歧途和困惑。因此，我们不能盲目地依赖爱，也不能每时每刻都依赖爱，而必须启迪爱。因此，对于我们这些有限的生命来说，我们控制激情的强制纪律和因动机不纯而对自己的不信任也是不可避免的。当我们感到安全时，我们就会误入歧途。

只有善的无条件性才能使单纯的义务充满内涵，才能净化道德动机，才能消解仇恨的毁灭意志。

但是，爱的理由是无条件的，它与现实的意愿合二为一。我所爱的，我希望它成为现实。而实际存在的东西，如果我不爱它，我就无法看到它。

第12讲

人

对人的追问

我们在前面的内容中讲到，人们对自然知识和历史知识的局限性提出了质疑。思考的方向转向了认识者和被认识者的本质。我们开始意识到，在客体与主体的分裂中，一切对我们而言都是表象。在分裂的表象中变得明亮的统摄本身既不是客体，也不是主体。我们把它的实现称为与自然和历史知识相区别的基本知识。

但我们所说的一切都汇集在人身上：自然、历史、统摄。首先，作为由物质形成的生命体，我们作为一种动物属于自然。其次，作为会思考、会行动、会创造的生命体，我们属于历史，我们创造了历史，同时也在支配着历史。最后，我们是自然和历史的化身，在我们通过自然和历史成为我们现在的样子之后，就好像我们同时来自自然和历史之外，只是在那里才有了我们的起源，现在才有了我们的目标。

人的这种本质是无可比拟的。人的本质似乎是不言而喻的，也是世界上最神秘的东西。

自然的沉默和人的语言

我们此在，无论我们从哪里来。我们总是和其他人一起存在于这个世界。

自然是沉默的；无论自然看起来好像要通过其风光、其怒吼之风暴、其火山之喷发、其徐徐清风、其沉寂述说什么，它自己却并不回答。动物可以有意义地做出反应，但也不言说。只有人言说。只有人才有在交谈和回答中不断前进的认识。只有在人这里才有在思维中的自我意识。

在这个无限的无言世界中，人是孤独的。只有人才能为万物的沉默赋予语言。大自然的寂静会对人产生影响，首先是一种不可思议的异样寂静，一种与我们无情相似的寂静，然后是一种激发信心的寂静，一种支持和帮助我们的寂静。作为大自然的一员，人是孤独的。只有在与命中注定的伙伴们共同生活时，他才会成为人，成为他自己，不再孤独。然后，自然对他来说就成了无言的黑暗背景。我们自己就像世界上的一束光，万物因我们的思考和处理而变得明亮。

我们从何处了解自己

我们在世界中将自己理解为有血有肉的、活生生的存在，没有它，我们就不是我们。我们被这种存在所束缚，在其中活动，将肉体体验为我们自己的存在，直到我们认同它。但是，如果我们把自己交给物质和生命的自然存在，我们就会失去对自己的意识。因为与我们自己的肉体相同，我们还不是我们自己。

我们无法从历史中了解自己，除非通过传统的现实，没有传统，我们就不会认识自己。但是，如果我们把自己丢弃在我们今天所处的可知的历史进程中，我们就会失去对自身原始责任的意识。因为只有通过这一点，而不是通过回顾历史，我们才是我们自己。

那么，我们是否能从我们的内在和外在行动的自由中了解我们自己呢？在这里，我们达到了自我意识的深度和本质。

对人的本质的定义

如果我们不能从我们的起源了解我们自己，我们至少可以知道我们是什么吗？人的本质被定义为：人在本质上曾被定义拥有语言和思维的生物；曾被定义为以法治城邦的形式创造了自己的社会的生物；曾被定义为工具制造者，工具使用者；通过共同的经济来维持其生存的生物。

每一种确定性都有其独特之处。但其中缺少了决定性的因素：人并不是一个总是在这些类型的存在中反复出现的存在。相反，人的本质是运动的：人不可能保持原样。他不断地改变着自己的共同体状态。他不像动物那样，是一种世代重复的生物。他超越了他被赋予的一切。他总是在新的条件下诞生。每一个出生的人不仅被束缚在既定的道路上，而且也是一个新的开始。尼采认为，人是“非既定的动物”。动物只能重复已经做过的事情，而不能更进一步。反过来说，人也不可能按照自己的本性成为自己。他可能会陷入盲区、堕落、逆转、自我异化。他需要拯救、治愈、解放，需要回归自我。但是，他不能通过遵循一条众所周知的或被认为是成为一个真正的人的唯一途径来做到这一点。

意识到自己独立于每一个表象

但是，谁又能认识到自己受人、种族、性别、年龄、文化、社会和经济状况的束缚，谁又能脱离这些束缚，将自己置身于历史性地嵌入其中的这一切之外，并凌驾于这一切之上呢？我们对人的认识和个人对自身的认识都不是他自己的。他所被束缚的、他所处理的，与他本身并不完全相同。从他的起源中产生的问题，成为他将自己从沉沦中唤醒的杠杆。从那里，他听到了让他无法平静的诉求。他的罪孽意识来自他从未掌握的东西，当他成为自己时，他相信自己属于这个东西。

人，而不是作为个体的人，在认识自己的时候就知道自己究竟是谁。所有关于“他是什么”的知识都是在他身上与现象、现象的条件和可能性相遇。他与这些现象并不完全相同，但他从他认识自己的方式中接管了这些现象。

关于人的形象的斗争

我们的内心装着人类的形象，我们知道历史上曾经有效并指导过我们的形象。但是，由于我们无法在形象中确定人实际上是什么、可以是什么和应该是什么，因此我们也对引导我们的形象负有责任。

人的生活离不开自己的形象。在形象的斗争中，我们找到了自己。人的形象在任何时候都围绕着他：在英雄的神话形象中，在希腊诸神的形象中，在智者、专家、圣人的形象中，在诗歌的形象中，形象都围绕着人。今天，这些形象是如何环绕着他的呢？在舞台、体育、电影的明星身上，在政治家、作家、学者身上，这些形象是否仍在指引着他，或者它们不再是真实的形象？

人的形象之争是我们自己的内心之争。我们对在个别人身上看到的形象既反感又喜欢。我们以这些形象、榜样和反面形象为导向。我们可能会问自己：这个人在这种情况下会怎么做，他会说什么？

堕落时，我们倾向于通过暴露卑劣来将我们的卑劣正当化。为了找回自己，我们寻找我们可以崇拜的人。在我们所爱的人身上，我们成为了自己。我们在那些我们自认为高人一等的人身上迷失自我。

对人性高尚形象的辩护是："我根本不想成为那样的人，我想成为和所有人一样的人""分享人的卑劣，而不是傲慢地想变得更好，这才是人之常情；这才是真正的人性""个性是过去时代的偶像，今天已不复存在""我想成为符合我们时代的人，成为这个时代所要求的人"。他吸引着我们。只有对崇高的敬畏，才是对每一个人的敬畏，也是对他身上的高度可能性的敬畏：因为他是人。这也是对我自己的敬畏之源，因为我无法忍受做任何我必须鄙视自己的事，感受任何我必须鄙视自己的事，思考任何我必须鄙视自己的事。但是，绝望的极限就在所有的爱和所有的敬畏都失败的地方。敬畏不会将人夸大为神灵。

即使是最伟大的人，也和最渺小的人一样，与我们有着相似之处。但是，在这个让我们共同振奋的句子中，并没有消解不可确定的等级秩序："所有人都是和我们一样的人"。

人是不满足的

我们说过：人不是从世界、从历史、从自身来认识自己的。

人在其存在中被迷惑，想要超越自我。当他封闭自己，安于现状，除了每天回归存在之外，他找不到任何满足感。如果人只想做某一刻的人，那么他就不再真正了解作为人的自己。

人还没有在单纯的感觉中超越自我，还没有在享受神话般的形象中超越自我，还没有在狂喜中超越自我，还没有在振奋人心的话语中超越自我，仿佛在这些话语中已经存在着现实。只有在他的内在和外在行动中，在他的领悟中，他才会意识到自己高于生命，并超越自我。这体现在两个方面：一是在世界上的无限发展，二是在超越中的无限性。

超越自己：在世界中的进展

人类在掌握自然方面的进步与人类的起源同时开始：火和工具的发明。但是，除了这种迫切的需求之外，还有其他的需求：对知识和能力的渴望中蕴含的勇气，航海的风险，不可征服的体验欲望，这种永远无法满足的超越一切极限的冲动。

希腊神话中的普罗米修斯是反抗神的泰坦。我们在埃斯库罗斯的作品中读到：宙斯想要毁灭可怜的人类，普罗米修斯站在人类一边，反抗宙斯，帮助人类自救。他给了人类火和一千种技艺，这样他们就可以生产任何他们生存所需的东西；他教他们建房、造船，使用铁、银、金，驯牛拉犁，骑马到遥远的地方。他教他们数字、科学和书写。普罗米修斯赋予人类依靠自身继续生存的能力。宙斯对世界秩序的规划中没有设想过这种人的独立性。人类的成就要归功于泰坦普罗米修斯和他们自己。索福克勒斯说："没有什么比人更强大。"

然而，人的能力也是他自己的厄运。但丁描述了奥德修斯的一次冒险。奥德修斯和他的同伴们航行穿过赫拉克勒斯之柱（直布罗陀海峡），这里是人类的边界。他为什么要这样做？"我要弄清楚一切。"他劝诫他的同伴们："不要让你们残存的生命使你们失去再做出一次发现的机会，我们能否看到那世上无人居住之地。你们拥有的生命不是为了像牲口一样活着，而要为荣耀和知识而奋斗。"在炼狱之山前，他们在南海被暴风雨吞没。没有人知道这件事，直到奥德修斯在地狱里告诉但丁。

但丁的幻景让我们思考当下。在今天看来，到南海的航行简直微不足道。1957年，苏联将人类第一颗人造地球卫星被送入太空。当载人飞船很快将宇航员安全送回地球时，人们兴奋不已。他身临其境地报道了人类从未见过的景象。人们会想：从现在起，人将拥有宇宙。他不再受地球的束缚。地球只是他的起点。几千年前，人类乘着第一艘木筏涉足水上，最后乘船完成环球航行。现在，就像第一艘木筏一样，人类遨游太空，有朝一日，太空也会像现在的地球一样，属于人类自己。但是，这种观点具有欺骗性。尽管人类可能会比现在走得更远，但他最后的物理障碍依然存在。他并没有进入外太空，而是进入了太阳系的空间。人类永远无法到达外太空并在那里立足。除了太阳之外，距离我们最近的恒星位于半人马座，与我们相距大约4光年，这在宇宙尺度上是非常小的。宇航员要克服这一距离，对于人类生存的生物条件来说都是不可能的。这不是灾难，而是极限。

现代探险家和发现者的开端与但丁式的奥德修斯勇敢而旺盛的求知欲相吻合。征服地球给人类历史带来了一个新的伟大阶段。然而今天，随着苏联人造卫星的出现，这种感觉发生了变化。登山家的冒险比宇航员的冒险更富于内容，正如他们令人失望的报告所显示的那样。太空旅行只不过是技术上的完美，能够产生一种空洞的声望，堪比已经技术化的体育运动的巅峰表演。

但是，但丁设想中的原则——知识和能力的恣意妄为导致的堕落——在今天以一种新的形式变成了现实。因为技术的实现已经到了人类自我毁灭的地步。

超越自己：先验

人想要在完全不同的方向上超越自己，而不是在世界上前进；不再进入其暂时存在的永不满足、不断推陈出新的躁动之中，而是进入永恒的休息之中，在时间中跨越时间。休息作为时间的持续，是人类无法企及的。那将是时间的终结。世界上的安息时刻不可能保持为完成，它还在继续，在完成的瞬间闪耀着永恒安息之光。

这一刻见证了隐藏在我们心中的寂静。它没有完全被时间撕裂。

这种寂静是超然的，将共同与我们的命运伴侣一同被接纳，而这就是我们的目的。在那里人类超越自我，不再置身于世界之中，而是进入了超验的境界。我们的知识在这里沉默。

如果还没有经历过震撼，还没有获得“超越”的方向，那么人实际上还不是他自己。他只是一个活生生的、有理性思维的存在，被束缚于此。只有在超越性的关系中，人类才会意识到自己是一个自由的存在，在所有民族和所有时代的人们身上都能发现生命的优越性。

超越和希望

当沉思开始时，人就会意识到自己的不确定性，意识到自己被抛弃了。我们需要勇气。当我们不加掩饰地思考时，我们需要勇气。我们应该睁大眼睛进入黑暗，而不是不加思考。勇气产生希望。没有希望就没有生命。只要存在，就会有起码的希望，但希望只是凭借勇气而存在。

在此在的失败中，希望被证明是真实的。因此，凭借同样的勇气，希望与准备一起，让人充满信心地接近终点。希望只有在存在时才有意义。它不会超越时间。但如果所有的希望都在时间中消失了呢？准备是一种没有对象的信任，它建立在自我的基础上，不是每个人都能得到，也不是每时每刻都能确保。就是莎士比亚所说的“成熟就是一切”。

但这是可以回避的。我不站在赤裸裸的现实面前。接受它的人不能变得自以为是。如果他有做人的觉悟，如果他想与人保持联系，保持诚实，如果他失败了，他就渴望得到人们的宽容，那么他就不能忘记他人。

人的尊严

我们看到，对“人是什么”这个问题的回答永远都不够充分。因为，只要人还是人，人能够成为什么样的人就仍然隐藏在他的自由之中。它不会因为人的自由而消失。只要人还活着，他就必须征服自己。

无论谁问起人，都希望看到人的唯一真实、有效的形象。对不确定事物的表述就是人的尊严。人之所以为人，是因为他认识到自己和他人的尊严。康德简洁明了地说道：“人不能只把人当作一种手段。每个人本身就是目的。”

第13讲

爱

两性之爱

对于我讲的东西，可能有人会说：你说的都是些虚幻和无力的东西。爱是两性之爱。这才是真正的、压倒性的力量。一切所谓的爱都源于此。这也是千百年来所有关于爱的观念的源头，而这些观念一直是人们心中的游戏。千百年来，爱一直是人们心中的游戏。因为性是一面镜子，他们可以从中认识到自己的爱。在柏拉图看来，爱神厄洛斯是哲学的动力。

最初的对抗

从心理学的意义上来说，人是一种动物。但他不能像动物那样仅仅在生物学的意义上实现自己的存在。

人类意识到自己的尊严，就好像性是剥夺这种尊严的东西。由此产生了人的羞怯感。

人有动物所没有的羞耻感。他隐藏着自己无意识的自然性。

人类需要社会秩序来维护自身的存在，因此也需要两性秩序。

如果人类充分认识到自己的人性，那么，无论是作为男人还是女人，如果他只是将伴侣作为自身性的手段，那么他就侵犯了伴侣的人格。

形而上学之爱

我们谈到了现实，性是生命的现实，情欲是性行为的现实，婚姻是法律和道德秩序的现实。现在，我们不再谈论现实，而是谈论爱本身，这是一个飞跃。

爱并非源于这个世界。爱被体验为袭扰人类的不可理解之物，但人类只是在其中成为了自己。由于无法证明爱是经验现实，现实主义者可以否认爱。它不是研究对象。我们意识到爱来自别处，所以我们称之为形而上学的爱。没有人能知道它是否存在，也没有人能知道它在此时此地是否真实地存在于两个人之间。

这种爱就像一道闪电，在时间的表象中闪现，没有人看见。但通过它，那些被击中的人看到了永恒的东西。它是历史性的表象，但在时间中再也没有本质的历史。因为这是在新的独创性中的无限重复，在青春的激情中和岁月的沉寂中同样强大，如同超越现在的记忆和期待。

这种意识到自己是永恒的现在的爱，改变了居于岁月流逝中自身不变的现实性的显像。

人在年轻时，面对厄洛斯，起初是胆怯的。只有当相爱的人认识到彼此是永恒的，在他们的第一次和最后一次的爱中是独一无二的，他们才能真正珍惜这种爱。在他们完全的自由中，他们被绝对地束缚在一起，因为他们仿佛在很久以前的起源就认识了彼此。

这种爱不是占有。爱使他们成为恋人，却不由他们支配。当他们对这种爱表示怀疑时，他们无法向自己证明这一点。这种爱没有任何属性可以证明它的有效性。那些得这种爱的人并没有做任何值得赞扬的事。

从外面看，这种爱一定像一条链子。它似乎通过不容置疑的绝对束缚，在时间上剥夺了恋人的自由。他们的生活没有了历史性，因为总是千篇一律。这样的恋人——如果存在的话——对其他人来说将是一个无聊的谜。他们的基本态度不变，到了老年，就会重复年轻时说过的话，同样不真实，同样徒劳，同样愚蠢。无论他们的意思是什么，都没有心理上的真实性，因此不值得相信。

形而上学之爱在世界中展现的可疑性

这种形而上学之爱会会以何种形式出现在世界上？因为它无法作为现实呈现，只能被模糊地限定。

第一个例子：情欲的激情和形而上学之爱，都在青春岁月里点燃，都愿意为一个人做出任何牺牲。但激情中蕴含着梦幻般永恒的沉醉意识，爱情中则蕴含着永恒的意志。激情与经历有关，来得快，去得也快。爱情则具有“永远”和“来自永远”的深刻意义。爱情一生只有一次，过去了就不会再有。激情是盲目的，爱情是明晰的。

基于这种区别，我们提出了一些无法回答的问题。形而上学之爱的确定性会是激情的错误吗？不忠实的伴侣能否摧毁笃信爱情的恋人在他身上挥霍的爱的源泉？然而，在经历了情爱的失败之后，是否只有那些从一开始就属于彼此的恋人才能相遇，他们才能认出对方，并在回首往事时看清自己的错误，接受并消除这些错误？

一对恋人，一方能否创造出一种虚构的形而上学之爱，与另一方分享这种错觉，直到不忠暴露了虚构的本质，尽管这种爱是空洞的，但还是要紧紧抓住它，就像在诗意的幻想和真实的不忠之间撕裂一样？

这些都是令人不安的问题，无论是在总体上还是在个人命运上，都必须得到解答。

第二个例子：邂逅的巧合是永恒在时间中的命运。偶然性是任意的，但也是唯一不能互换的东西。是否有人因为没有获得与永恒伴侣邂逅的“巧合”，而一直孤身一人，但又不愿将就呢？他们会不会因为没有实现而在世俗的纠缠中变得不透明？

第三个例子：当现实世界的力量阻碍了形而上的爱的实现时，它是否会迸发出来？现实世界的力量阻碍爱情的实现了吗？世界会为这对恋人失明吗？

形而上学之爱能进入世界性秩序吗？

这种对欺骗和毁灭的建构引出了一个问题：形而上学之爱是否注定要在世界上消失？它必须作为一种可能性消失在这个世界上，与这个世界格格不入吗？还是它可以进入现实？

形而上学之爱，面对身体外表的美，在年轻时已经完成，但在时间中才刚刚开始实现，它面临着另一种选择：它是注定要在存在的爆炸中，在非实现中，在没有实际生活的生活中，还是在世界上得到实现？

那么，时间和秩序就会要求它们的权利。爱情通过永恒的决定进入婚姻，这比道德和婚姻法所要求的还要多。

然后，在现实世界中开始爱的斗争，共同战胜各种情况。

那么，这条道路就会历经沧桑。青春的活力之美逐渐消逝。但现在，在生命延续的表象中，岁月之美已不仅仅是记忆中的青春。克尔凯郭尔曾说过：“女人随着年龄的增长而变得更加美丽，但只有爱人才能看到。”

人性中爱的冲突

情欲、情欲行为，激情、婚姻的秩序，两人结合中的永恒起源，一切都包含在“爱”这个词中。

爱的时刻在结合时完成自己，在孤立时消亡。

但是，形而上学的起源、决定、承诺、法律契约、情欲激情、情欲满足真的可以合而为一吗?

相互冲突的力量对抗着人类自然性的统一。

作为一个人的存在必须优先于作为一种性别的存在。男人和女人首先是人，然后才是性别的存在。

已经成为人类的性的原始对立无法通过完成统一来解决。如果获得了相对的成功，那也是不应有的幸福。形而上学起源的呼唤听不到了。然后，一切都沉入低谷：爱情生活变得混乱不堪。平庸与沉醉，舒适的生活与谨慎的过度，帮助与逃避。自我认识要么变得困惑不解，要么变得自以为是。人类非但没有被和谐所接纳，反而被置于与权力对抗的力场之中。

同样，与伟大的任务相比，做人既可能是一种高度的可能性，也可能是一种自身的疾病。只有通过整个生命，爱才会显现出来，而这种方式永远不会成为现实的模式。

最广义的爱

我们回到“爱是什么”这个最初的问题。在两性之爱中，爱已不仅仅是爱。它的含义非常广泛。我只举一个例子：

对人的爱看到的是肉身中的爱人，即使这种爱在形而上学之爱中突破了时间。

爱在哲学理性中变得明亮，它与对事物理性的不可论证的、非客观的信任有关，而这种信任对于理智来说是不存在的。

我不想细谈什么是所谓的爱。归根结底，问题在于爱是否以一种事物为基础，而我们从其表现形式的多样性中把握住了这一点。

但是，这一种爱是什么，它本身包含了所有的爱，它也照耀着性，但并不从性中产生，因此也不受性的束缚，我们说不清楚。

爱与良知

但是，如果我们说起它，就好像我们知道它是什么，那么这种统摄的爱就是我们的本体，就是我们自己。

当这种爱变得完美和纯粹时，它将成为我们生活的唯一和充分理由。完美的爱不需要道德法则，不需要共同秩序，因为它将在唯一的具体情境中从自身产生这些，因此它本身就包含了遵守。但是，人作为感性的理智存在，不可能有完美的爱，而会在爱中一次次误解自己，让爱受伤，变得软弱无力。因此，即使在爱中，人仍然需要意识或良知的控制。谁能在清醒的爱中可靠地生活，奥古斯丁的这句话就适用于他：爱并随心所欲。但既然我们是人，犯了自欺欺人的隐瞒之罪，暴露在不爱的力量之下，我们就不能不受控制地存在。

因此，当我们想为一种行为、一种行动、一种判断的正确性辩护时，我们绝不能援引爱。因为我们不知道爱是什么，所以我们无法理性地对待它。

然而，所有理性的推理和道德法则的生活，虽然对我们的确至关重要，但如果没有爱的实现和爱的支撑，就什么也不是。

爱没有凌驾于自身之上的权威。它在良知的帮助下评判自己的外表，虽然冷酷，却有爱的良知。

第14讲

死亡

只有人知道死亡

所有生命的存在都被生与死所包围。但只有人类知道这一点。

当他回到自己身边时，就好像他一直都在那里，并从沉睡中醒来，回想起来，却无法被照亮。当他听到关于自己的出生时的情景时，他没有记忆可以唤醒。他从未有过存在之初的体验。

死亡是每个人都要面对的。但因为我们不知道死亡的时间，所以我们活得就像死亡从未到来。作为活着的人，我们并不真正相信死亡，尽管它对我们来说是最确定的事情。

纯粹的生命意识并不知道死亡。只有对死亡的认知才会让死亡成为我们的现实。这就是临界境况：我最亲爱的人和我自己都将不复存在。我的存在意识要求对这种临界境况做出回答。

为什么会有死亡？

我们说：有生必有死。生物学上的认识并不满足于此。它想知道为什么？这种必然性建立在什么生命过程中？人们想到的是延缓衰老的过程，想到的是通过控制曾经被认为会导致死亡的生命过程，也许可以让生下来的东西活得更长。然而，没有人会怀疑，即使人工延长生命的方法仍在继续，死亡最终在每一种情况下都是不可避免的。死亡和性一样，都属于生命。两者都是我们生存起源的秘密。

死前的恐惧与对死亡的恐惧

我们恐惧死亡。但死亡作为不再存在和在死亡中终止的死去，造成两种完全不同的恐惧。

对死亡的恐惧是对身体痛苦的恐惧。这种状态本身并不是死亡。它可以伴随所有的痛苦而发生，但也可以恢复生命。一个病人可以说："我已经死过好几次了。"即使我们在这一过程中所经历的也绝不是死亡本身。遭受痛苦的永远只是活着的人。死亡本身是无法体验的。

死亡的自然过程可以在没有痛苦的情况下发生，可以是瞬间死亡。然后，死亡突然发生，没有到达意识。死亡可能在虚弱或睡眠中不知不觉地发生。致命疾病的痛苦可以用药物来减轻。由于死亡实际上是一个心理-生理过程，有可能有一天，由于生物学和药理学知识的进步，死亡在任何情况下都不会带来痛苦。

然而，对死亡的恐惧与死去前的恐惧是完全不同的，后者被理解为一个人生命终结后的一种状态。任何医学疗法都无法让我们摆脱对死亡的恐惧，只有哲学疗法才能做到。

对死亡状态的设想

对死亡状态的设想是徒劳的。我们没有对此哪怕一丁点的经验。没有人复活过。所以我们的设想只是：死亡就是不存在，是虚无。

对死亡的恐惧就是对虚无的恐惧。然而，死后的状态是另一种存在状态的想法似乎是不可遏制的。死后的虚无并非真正的虚无。未来的存在在等着我。对死亡的恐惧就是对死后的恐惧。

这两种恐惧——对虚无和死亡状态的恐惧——都是毫无根据的。虚无只是相对于时空现实而言的。而且，没有任何其他的真实存在值得我们害怕。但这是否也会使不朽的意识变得无效呢？

对永生的渴望

挚爱之人的离去，他或她身体的消失，这种“再也没有”的无法挽回的痛苦，就像生命的至高时刻一样，可以将生命转化为永恒存在的意识。

在他人记忆中的延续、在家庭中的延续、在作品中不朽、穿越时代的延续，这些安慰都是徒劳的。不仅我是这样，其他人也是这样，人类及其创造和实现的一切都有终结。它沉入遗忘之中，仿佛从未存在过。

对于那些不相信复活的人来说，复活的承诺是徒劳的。对复活的信仰表明：死亡是真实的。人的终结就是他的尸体及其腐烂。

一切都不复存在。如果要实现永生，人类就必须重生为肉体。不相信身体复活的人，对于他的存在意识来说，这毫无意义。

但对永生的渴望并非毫无意义。我们内心深处有一种无法相信自己会被毁灭的东西。哲学的任务就是阐明它是什么东西。这种思考始于区别：对时间连续性的渴望属于存在，而对永恒的渴望则截然不同。我只能以思考时间的方式来思考这种永恒。让我们试着逐步说明这一点。

循环时间和线性时间

我们区分了循环时间和线性时间。对于“为什么会死亡？”这个问题，毕达哥拉斯的医生阿尔克迈翁（公元前6世纪）给出了答案：“人类之所以毁灭，是因为他们没有力量将起点与终点联系起来。”这意味着什么呢？时间的循环，作为一种回归，是在这个循环中发生的事情的不朽。然而，这一切并不是自己发生的，而是得益于阿尔克迈翁所说的一种“力量”。这就是尼采的意思：对永恒回归的信念是对生命肯定的最强烈的行为。这种信念在每一刻都将结束与开始联系在一起。这种信念存活在永恒回归的循环之中。从死亡的终结到新生的开始，这之间的时间可能是无法估量的，但如果生命能够再活一次，无限次地，而且在这个意义上是不朽的，那么这段时间就无足轻重了。

世界中的特定循环过程，例如一天和四季，都是这种永恒循环的形象。时间是绝对的。万事万物都是时间性的，但通过循环往复，在时间上又是永恒的。

线性时间则完全不同。它给时间性的一切带来了最终的终结。时间的短暂性，即对我们来说具有经验现实性的短暂性，产生了一种我们在幸福的存在中仍能体验到的悲伤，并认为我们在事物本身中感知到了这种悲伤。它只能在不可毁灭的事物中被消除，因为它是不变的，它本身不是暂时的，只是看起来是暂时的。

循环时间和线性时间都重视瞬间，但两者的意义却截然不同。在循环时间中，无限重复的事情已经完成；它仍然是时间性的。在线性时间中，永恒的事情在时间中决定；时间被超越。以下内容适用于两者：无论是时间性的重复，还是永恒的现实，一切都会过去，但有一样东西依然存在。

循环时间和线性时间是不可统一的暗码。循环时间使“再来一次”的设想在无尽的重复中可能，但并不渗透从一个到另一个的记忆或者知识。线性时间使永恒的独特历史表象中的决定具有严肃性，但又不将时间表象和永恒归于一个共同的现实概念。

下一步，我们应该超越时间性。

在循环时间中，时间仍然是绝对的。它是最后不可逾越的东西。只有面对线性时间，才有可能产生超越时间的思想。这种思想说：我们自己和万物都是我们的表象。这种显现始终是时间性的。现在，我们无法摆脱世界的时间。没有其他的、真实的、可探索的世界，没有之前和之后。时间本身就是时间性的。但是，体验和思考从另一个维度敞开。

时间性、无时间性、永恒性

我们区分了时间性、无时间性和永恒性。

时间性意味着真正的成为。它没有开始和结束，没有起源和目标，是无依托的，它的体验发生在感性的存在中，我们作为“存在”在其中活动。

“永恒”指的是不受时间的限制，如逻辑学和数学知识中的

“永恒”；毕达哥拉斯的定理在他发现之前是有效的，当没有人再去思考它时，它也是有效的。不是命题的意义，而是命题的发现和对其意义的思考是有时间性的。永恒的体验发生在对永恒意义的思考中。

永恒意味着时间性的存在与永恒性的存在的统一，意味着时间性的存在与永恒性的存在的统一。它是永恒的现实，与永恒的非现实以及时间的现实形成对比。这种永恒的体验只属于存在。从经验和逻辑上讲，这都是荒谬的。

为了让我们理解这种荒谬——时间中的永恒体验，我提醒你们注意我在本书前面的内容中谈到的存在意识的哲学逆转。

存在意识的哲学逆转

我们超越了主-客体分裂而进入了统摄，随着对这一点的解释，逆转就可以被理解了。

我不再受制于任何事物本身。相反，我被自己的把握形式所束缚，就好像一般意识对所指对象的束缚一样，就像存在对环境的束缚，就像实存对超越的束缚。

当我意识到自己的存在与超越的关系时，我看到自己处于两种看似对立的状态。

作为一种显现的存在，我变得明亮，在世界上确定自己的方向，因为世界本身对我来说也变得明亮。世界越明亮，我就越有可能找到真理。

这种发光本身会让我意识到，我与它一起被囚禁在正在变得客观的世界牢笼中。这两种构成结合在一起，将最大限度地面向世界，并超越这种面向。

在牢笼中，通过意识到这一点，我同时也在牢笼之外。结果就是：如果我确定了作为表象的世界，那么我同时也就确定了永恒，而永恒可以存在于暗码语言之中。

我从事物的绝对性中解放出来。面对它们，我作为存在暴露在它们面前，我意识到自己是先于它们的存在。

永恒的存在性经验

随着这种变化，人的内心状态也会向死亡转变。死亡是结束，而出生则是暂时显现的开始。

但是，不朽意味着永恒，在永恒中，过去和未来都被中止。时间性的瞬间，在其存在性得以实现的地方，参与了超越一切时间的永恒。瞬间的永恒是一种自相矛盾的思想。它想表达的真理是，时间上的肉体的现实与本质的永恒的意念性合二为一：作为现实的永恒。

我们存在的生命意识还不是自我的存在意识。只有当死亡的念头带来存在的破碎时，存在才变得清醒。它在虚无的绝望中保持自我，或在永恒的确定性中获得自我。

当世界虚无时，它就会渗透到世界中。当存在失效时，它也不会消失。

我们是凡人，因为我们只是存在；我们是不朽的，因为我们暂时显现为永恒。我们是无爱的凡人，是有爱的不朽者。我们在优柔寡断中是凡人，在决断中是不朽的。我们在自然事件中必死无疑，而在自由中不朽。

思辨性和存在性陈述的意义

思辨（比如关于时间、复生和永恒的思辨）并不是对某些事物的认识，而是对我们自己的言说，是可以回应或者不回应的暗码。

对存在的启示性思考（如关于统摄、不朽体验的思考）不会带来永恒的当下的意识，而是证明了它的合理性。这种体验在于每一种存在的不可辩解的独特性，而不是对某种事物的认识，也不是一种承诺。

真正的东西并不存在于哲学思想中，而只存在于历史存在中，历史存在通过哲学思想意识到自身。

真实性

哲学思辨、推测和存在主义会很快破坏它们的意义。我们似乎从哲学的角度来认识它们，从而想把爱人和我们自己的永恒牢牢地握在手中。但众所周知，永恒已离我们远去。它的确定性只有在与存在合一时才有可能。

哲学绝不能满足人们对安慰和仓促保证的切实需求，也绝不能提供知识。真理与哲学密不可分。当谈到死亡和不朽时，我们一无所知。但在对待死亡的态度上，存在的真实性与非真实性可以这样描述：

第一，死亡是隐蔽的，人们想要忘记它。反之亦然：人们总是想到死亡，错过生命。这种态度让我们摆脱了这两种不真实的状态：我所做的和经历的一切都受制于一个标准：这是死前的事吗?

第二，对死亡的思考会让人产生无法真正活着的恐惧。审视自身内外的空虚会让人陷入躁动不安的活动中，而避免沉思。但隐藏的躁动依然存在。事实上，只有死亡之念本身的力量才能释放人的生命力。它证实了人不仅仅是生命的意义，也证实了人的爱的永恒重量。死前的安宁源于对死亡无法夺走的东西的意识。

第三，“存在”生活在死亡的情绪中。但这种束缚被人类打破了，因为他把对死亡的认识融入了生命，他想到的是生，而不是死。

第四，对死亡的认识使人坠入深渊，在深渊中，一切都变得漠不关心，因为什么都没有。存在的体验将我们带出虚无的绝望：

死亡并不真实。我们在堕落中变得心灰意冷，在生存的上升中变得狂妄自大。在摇摆中从一个前进到另一个，我们来到自己身边。

让我来总结一下：

我们知道我们会死。对于死亡我们一无所知。

我们作为一种知识或由信仰决定的知识所坚持的东西从我们手中被打掉了。

人的任务是在风险和危险中生活，在最高的标准下生活，在他所处的环境中，他清楚地认识到这些标准。

如果知道自己是不朽的，那么他就失去了存在的意义。他忍受着不知道的痛苦，这让他认识到自己，让他走上自己的道路。

莱辛说："为什么我们不能像等待未来的一天一样平静地等待未来的生活呢？如果有一种宗教确实无疑地教导我们未来的生活，我们最好不要听信这种宗教。"

从死亡角度看暗码

但是，对莱辛来说，不知——空洞的不知——也是远远不够的。不朽是在思想和形象的悬置中诉说的，这些思想和形象不再声称适用于肉体，也不再声称是知识。

我们能否从作为暗码的神话中把握我们无法触及的东西？我们是否可以在概念的思维中告诉自己，我们或许在确定的存在中体验到了什么，但当我们想要了解它时，它却从我们身边消失了。

柏拉图在给无数人带来鼓舞的《斐多》中讲述了苏格拉底是如何死去的。在苏格拉底死的那天，他让苏格拉底表达了他的思想，这些思想的真理性因死亡的现实而得以保留。

对苏格拉底来说，不朽的证据虽然令人信服，但对他来说也是不够的。他对朋友们说，你们怀有孩子般的恐惧，害怕灵魂离开肉体时会被风吹得四分五裂。让我们努力让这个孩子不再像木偶一样惧怕死亡。这个孩子——我们所有人都是这样的孩子——必须每天用“咒语”来治愈。“咒语”即神话。

当苏格拉底通过一个神话讲述灵魂死后的命运时，根据他们的生活方式和所作所为，他们会被关进“地狱之渊”或明亮的高处。他说："在这些问题上，一个思维理性的人不适合支持我所阐述的绝对真理……但是，这是一个有充分依据的信念，值得大胆去相信。因为这是一种美妙的冒险，精神需要这样的思想来安抚，它就像魔法一样起作用。"

我们听到了一种不同于现实世界的语言。这是一场思想的游戏，它宣示着只有在这种游戏中才能表达的严肃性。

因此，苏格拉底认为，在他死后，他将在那里与最聪明的人，继续他在这个世界上的谈话，以分享真理。

因此，在西塞罗的《西庇阿之梦》中，西庇阿认为在那里可以见到政治家、自由的缔造者、有识之士和勇于自我牺牲的人。

我们跟随挚爱的逝者死去。他们欢迎我们加入他们的圈子。欢迎我们的不是虚无的空虚，而是真正生活的充实。我们进入的是一个充满爱、明亮而真实的空间。

苏格拉底在他生命的最后一刻，仍然道出了永恒的确定性。当克里托问他们该如何埋葬他时，他微笑着回答说："克里托不愿意相信，现在在这里和你们说话的苏格拉底是真正的我。相反，他认为我就是他即将看到的那具尸体。因此，他提出了如何埋葬我的问题。但是，他继续说："当朋友们看到我的尸体被焚烧或掩埋，大家不该感到不安，就好像苏格拉底正在遭遇什么可怕的事情，也不应该说他们抬走或掩埋的是苏格拉底。你们埋葬的只是苏格拉底的尸体，葬礼按你们喜欢的方式进行即可，最好符合习俗。我本人早已离开了这个世界。"